（2022年版）

20kV 及以下配电网工程估算指标

估算指标

国家能源局　发布

中国电力出版社
CHINA ELECTRIC POWER PRESS

图书在版编目（CIP）数据

20kV 及以下配电网工程估算指标：2022 年版/国家能源局发布．—北京：中国电力出版社，2023.6

ISBN 978-7-5198-7887-0

Ⅰ．①2… Ⅱ．①国… Ⅲ．①配电系统－电力工程－工程造价－估算－中国 Ⅳ．①F426.61

中国国家版本馆 CIP 数据核字（2023）第 096271 号

出版发行：中国电力出版社	印　　刷：三河市航远印刷有限公司
地　　址：北京市东城区北京站西街 19 号	版　　次：2023 年 6 月第一版
邮政编码：100005	印　　次：2023 年 6 月北京第一次印刷
网　　址：http://www.cepp.sgcc.com.cn	开　　本：850 毫米×1168 毫米　32 开本
责任编辑：刘子婷（010-63412785）	印　　张：8.375
责任校对：黄　蓓　马　宁	字　　数：221 千字
装帧设计：张俊霞	印　　数：0001—3000 册
责任印制：石　雷	定　　价：70.00 元

国家能源局关于颁布《20kV 及以下配电网工程定额和费用计算规定（2022 年版）》的通知

国能发电力〔2023〕20 号

各有关单位：

为适应 20kV 及以下配电网建设工程管理发展的实际需要，科学反映物料消耗及市场价格变化情况，进一步统一和规范配电网工程计价行为，合理确定和有效控制配电网工程造价，国家能源局委托中国电力企业联合会组织编制完成《20kV 及以下配电网工程建设预算编制与计算规定》《20kV 及以下配电网工程估算指标》《20kV 及以下配电网工程概算定额（建筑工程、电气设备安装工程、架空线路工程、电缆线路工程、通信及自动化工程）》《20kV 及以下配电网工程预算定额（建筑工程、电气设备安装工程、架空线路工程、电缆线路工程、通信及自动化工程）》（以上 4 项统称《20kV 及以下配电网工程定额和费用计算规定（2022 年版）》）。现予以颁布实施，请遵照执行。

《20kV 及以下配电网工程定额和费用计算规定（2022 年版）》由中国电力企业联合会组织中国电力出版社出版发行。

国家能源局（印）

2023 年 3 月 2 日

前　　言

　　《20kV 及以下配电网工程估算指标（2022 年版）》（以下简称本指标）是《20kV 及以下配电网工程定额和费用计算规定（2022 年版）》的主要组成内容。

　　本指标根据《国家能源局关于印发〈电力工程定额与造价工作管理办法〉的通知》（国能电力〔2013〕501 号）文件的要求，围绕 20kV 及以下配电网建设面临的新形势和新要求，遵照国家法律、法规、规章、标准及电力行业相关规定，并结合配电网工程建设与管理的特点而制定。

　　本指标在 2016 年版《20kV 及以下配电网工程估算指标》的基础上，合理继承和沿用了原指标的总体框架和形式，根据 2016 年以来相关设计规范、施工及验收规范、技术操作规程、质量评定标准等变化情况，以及新设备、新材料、新工艺的应用状况，对指标设置、典型设计方案规模、编制内容、价格水平等进行了补充、优化和调整。

　　本指标在修订过程中，按照国家关于定额编制的程序和要求，广泛征求各方意见和建议，对各项内容进行了认真调研和反复推敲、测算，保证了指标的适用性、时效性和公正性。

　　本指标由国家能源局批准并颁布，由电力工程造价与定额管理总站负责修订和解释。

领导小组	安洪光	潘跃龙	张天光	董士波	吕 军	叶煜明	梁景坤
编制人员	周 慧	孟 淼	田进步	顾 爽	王美玲	曹 妍	张致海
	俞 敏	钱玉媛	马卫坚	刘 强	任鹏亮	孙来文	王 硕
	李海龙	郭金颖	宋红莉	叶 丹	贾福艳	邢 琦	边飞挺
审查专家	雷小兰	左宏斌	梁 剑	姜 楠	陈 立	赵奎运	康 朋
	刘广军	杨文生	乔慧婷	胡晋岚	余光秀	李 凡	苑金海
	黄 赟	吴艳荣					

总　说　明

　　一、本指标共分 6 章，包括配电（开关）站工程、充（换）电站工程、架空线路工程、电缆线路工程、配电网通信工程、通信线路工程。

　　二、本指标是进行配电网工程规划和投资决策的依据，是国家能源主管部门核准项目投资的参考依据。

　　三、本指标以国家和电力行业及有关部门发布的现行设计规范、施工及验收规范、技术操作规程、质量评定标准、产品标准和安全操作规程等进行编制，主要编制依据如下：

　　（1）《20kV 及以下配电网工程概算定额（2022 年版）》；

　　（2）《20kV 及以下配电网工程预算定额（2022 年版）》；

　　（3）《20kV 及以下配电网工程建设预算编制与计算规定（2022 年版）》；

　　（4）《20kV 及以下配电网工程主要设备及材料价格》；

　　（5）20kV 及以下配电网工程的典型设计、施工图及施工组织方案等。

　　四、本指标的费用组成和表现形式：

　　（1）配电（开关）站工程、充（换）电站工程估算指标基价由建筑安装工程费、设备购置费、其他费用、基本预备费构成，其中，建筑安装工程费由人工费、材料费、施工机械使用费、措施费、规费、企业管理费、利润和税金构成。

　　（2）架空线路工程估算指标基价由安装工程费、设备购置费、其他费用、基本预备费构成，其中，安装工程费由人工费、材料费、施工机械使用费、措施费、规费、企业管理费、利润和税金构成。

（3）电缆线路工程估算指标基价由建筑安装工程费、设备购置费、其他费用、基本预备费构成，其中，建筑安装工程费由人工费、材料费、施工机械使用费、措施费、规费、企业管理费、利润和税金构成。

（4）通信线路工程基价由安装工程费、设备购置费、其他费用、基本预备费构成，其中，安装工程费由人工费、材料费、施工机械使用费、措施费、规费、企业管理费、利润和税金构成。

（5）本指标按北京地区取定社会保险费缴费费率和住房公积金缴费费率。

（6）本指标中建设场地征用及清理费未计列，实际工程按照各地区实际水平计列。

（7）本指标价格只计算到工程静态投资，基本预备费费率为3%。

五、本指标中主要设备和主要材料价格按照电力行业2022年价格综合取定，可根据有关市场价格进行调整。

六、本指标综合考虑了施工中的水平运输、垂直运输、建筑物超高和施工脚手架等因素，执行指标时不做调整。

七、本指标未考虑在高海拔、高寒、风沙、酷热等特殊自然条件下施工的因素，发生费用时，按照有关规定计算。

八、指标中凡注明"××以下""××以内"者，均包括其本身；注明"××以上""××以外"者，均不包括其本身。

九、凡本说明未尽事宜，详见各章说明和附录。

目　　录

第5章　配电网通信工程

第6章　通信线路工程

第 **1** 章　配电（开关）站工程

说　明

1．内容范围

本章内容包括箱式变电站、配电站、开关站、环网室、箱式开关站的估算指标。

2．组成规则

（1）箱式变电站包括 2 个箱式变电站方案及 1 个智能辅助控制系统方案。箱式变电站方案按照配置 1 台变压器编制指标，变压器容量分别是 400kVA 和 630kVA，配置相应箱式变电站建筑基础。

（2）配电站包括 9 个配电站方案及 2 个智能辅助控制系统方案。配电站方案分别按照配置 1、2、4 台变压器编制指标，变压器容量分别选用 400、630kVA 和 800kVA，按照各方案的规模配置相应建筑物和构筑物。

（3）开关站包括 4 个开关站方案及 2 个智能辅助控制系统方案。开关站方案分别按照高压侧 10kV 进线 1、2、4 回编制指标，10kV 单母线接线分别是单母线单分段、三分段接线，按照各方案的规模配置相应建筑物和构筑物。

（4）环网室包括 10 个环网室方案。环网室方案进线分别按照 1、2、4 回编制指标，10kV 母线接线分别是单母线单分段、三分段接线，按照各方案的规模配置相应建筑物和构筑物。

（5）箱式开关站包括 2 个箱式开关站方案及 1 个智能辅助控制系统方案。箱式开关站方案按照 2 进 4 出编制指标，10kV 单母线接线分别是单母线单分段、三分段接线，按照各方案的规模配置相应箱式开关站建筑基础。

（6）建筑特征描述。①箱式变电站：矩形钢筋混凝土基础，四周钢护栏围护。②配电站：房屋钢筋混凝土框架结构，坡屋面，加气混凝土砌块墙，外墙面砖，内墙乳胶漆，地下架空层及设备基础。③开关站：房屋砖混结构，坡屋面，加气混凝土砌块墙，外墙面砖，内墙乳胶漆，地下架空层及设备基础。④箱式开关站：箱式开关站钢筋混凝土基础。

3．计算规则

（1）配电站、开关站以"万元/站"为计量单位。

（2）箱式变电站、箱式开关站以"万元/座"为计量单位。

4．使用说明

（1）当实际工程设备材料价格与指标方案存在差异时，可调整主要设备及材料费用。

（2）各方案的估算指标已经包括了电气设备、自动化、建筑等专业的费用。

（3）使用方案时，还应根据实际配置选用相应的智能辅助控制系统，智能辅助控制系统包含环境监测单元、安防监测单元、设备状态监测单元、视频监控，未包含巡检机器人。环境监测单元包括温湿度监测、浸水监测、有害气体监测、火灾监测、环境联动控制等；安防监测单元包括门禁系统，未考虑人脸识别；设备状态监测单元包括变压器状态量监测、电缆桩头温度监测、局部放电监测、低压测控终端量采集等；视频监控单元考虑了枪型、球型两种摄像头接入视频云节点。箱式开关站、箱式变电站估算指标综合考虑各种接线形式，开关站、箱式开关站按线路回路数区分 12 回路以内、12 回路以上，回路数按进线与出线回路之和考虑。估算指标中传感器数量、各种线缆长度使用时可根据实际情况调整。

1.1 箱 式 变 电 站

指标编号：PZB1-1

指标单位：万元/座

指标名称	400kVA 箱式变电站				
规模	安装规模：400kVA 箱式变电站 1 座，高压 1 回进线，低压 4 回出线				
	建筑规模：基础 1 座，尺寸：长 3.2m、宽 2.7m、高 1.6m，四周钢围护高 1.9m				
基价	建筑工程费	安装工程费	设备购置费	其他费用	基本预备费
19.39	3.23	1.7	12.49	1.4	0.56
主要设备及材料列表					
	名称及规格型号		单位	数量	单价（元）
主要设备	箱式变电站　400kVA　美式　无环网柜		座	1	122379
主要材料	圆钢		kg	1476	4.67
	镀锌钢材		kg	105.51	5.71
	混凝土		m³	11.68	341.68
	钢材		kg	210.5	5.11

指标编号：PZB1-2

指标单位：万元/座

指标名称	630kVA 箱式变电站
规模	安装规模：630kVA 箱式变电站 1 座，高压 2 回进线，低压 6 回出线
	建筑规模：基础 1 座，尺寸：长 3.5m、宽 2.4m、高 1.6m，四周钢围护高 1.9m

续表

基价	建筑工程费	安装工程费	设备购置费	其他费用	基本预备费
28.04	3.2	1.9	20.35	1.77	0.82
主要设备及材料列表					

	名称及规格型号	单位	数量	单价（元）
主要设备	箱式变电站 630kVA 欧式 有环网柜	座	1	199382
主要材料	圆钢	kg	1476	4.67
	镀锌钢材	kg	192.06	5.71
	混凝土	m³	11.67	341.68
	钢材	kg	210.5	5.11

指标编号：PZB1-3　　　　　　　　　　　　　　　　　　指标单位：万元/座

指标名称	箱式变电站智能辅助控制系统				
规模	安装规模：包含环境监测单元、安防监测单元、设备状态监测单元等				
基价	建筑工程费	安装工程费	设备购置费	其他费用	基本预备费
3.52		0.75	2.44	0.22	0.1
主要设备及材料列表					

	名称及规格型号	单位	数量	单价（元）
主要设备	温湿度传感器	只	3	800

主要设备及材料列表			
名称及规格型号	单位	数量	单价（元）
主要设备	水浸传感器	只	1	600
	智能网关	组	1	6700
	低压回路测控终端　带通信功能数字式仪表	组	5	650
	烟雾传感器	组	1	510
	门状态传感器	套	2	160
	电缆头测温传感器	个	9	800
	油浸变压器状态能量传感器	个	1	3400
主要材料	六类非屏蔽双绞线	m	100	5

1.2 配 电 站

指标编号：PZB1-4　　　　　　　　　　　　　　　　　　　　　　　　　指标单位：万元/站

指标名称	配电站1，油浸式变压器　1×400kVA
规模	安装规模：10kV 负荷开关柜 2 台，400kVA 油浸式变压器 1 台，低压成套配电柜 3 台，变压器低压侧与低压柜电缆连接
	建筑规模：配电房长 11m、宽 4m、高 5m，地下架空层高 1.8m，建筑面积 66m²，设备基础

基价	建筑工程费	安装工程费	设备购置费	其他费用	基本预备费
69.56	28.59	7.91	24.36	6.67	2.03

主要设备及材料列表				
名称及规格型号		单位	数量	单价（元）
主要设备	10kV 高压环网柜　负荷开关熔断器组合柜	台	2	35482
	低压成套开关柜　固定式　2500A	台	1	46782
	低压成套开关柜　固定分隔式　1250A	台	1	32092
	低压成套开关柜　电容器柜　380V　100kvar	台	1	16950
	变压器　400kVA　非晶合金　油浸	台	1	64184
	配电箱	台	1	800
	配变终端（TTU）	台	1	7661
主要材料	圆钢	kg	12687.74	4.67
	镀锌钢材	kg	5541.75	5.71
	混凝土	m³	79.55	341.68
	钢材	kg	2009.49	5.11

指标名称	配电站2，干式变压器　1×400kVA				
规模	安装规模：10kV 负荷开关柜 2 台，400kVA 干式变压器 1 台，低压成套配电柜 3 台，变压器低压侧与低压柜电缆连接				
	建筑规模：配电房长 10m、宽 4m、高 4.5m，地下架空层高 1.8m，建筑面积 60m²，设备基础				
基价	建筑工程费	安装工程费	设备购置费	其他费用	基本预备费
62.14	24.36	5.13	25.12	5.71	1.81
主要设备及材料列表					
名称及规格型号		单位	数量		单价（元）
主要设备	10kV 高压环网柜　负荷开关熔断器组合柜	台	2		35482
	低压成套开关柜　固定式　2500A	台	1		46782
	低压成套开关柜　固定分隔式　1250A	台	1		32092
	低压成套开关柜　电容器柜　380V　100kvar	台	1		16950
	变压器　400kVA　硅钢片　干式	台	1		71642
	配电箱	台	1		800
	配变终端（TTU）	台	1		7661
主要材料	圆钢	kg	11540.43		4.67
	镀锌钢材	kg	1831.07		5.71
	混凝土	m³	67.9		341.68
	钢材	kg	1722.25		5.11

指标名称	配电站3，油浸式变压器 2×630kVA				
规模	安装规模：10kV 负荷开关柜 4 台，630kVA 油浸式变压器 2 台，低压成套配电柜 9 台				
	建筑规模：配电房长 11.7m、宽 7.5m、高 5.4m，地下架空层高 1.8m，建筑面积 131.63m², 设备基础				
基价	建筑工程费	安装工程费	设备购置费	其他费用	基本预备费
156.19	54.05	14.64	70.37	12.58	4.55
主要设备及材料列表					
名称及规格型号			单位	数量	单价（元）
主要设备	低压封闭母线 2000A		三相米	14	5424
	变压器 630kVA 非晶合金 油浸		台	2	76727
	10kV 高压环网柜 负荷开关熔断器组合柜		台	4	35482
	低压成套开关柜 固定式 2500A		台	3	46782
	低压成套开关柜 固定分隔式 1250A		台	4	32092
	低压成套开关柜 电容器柜 380V 100kvar		台	2	16950
	配电箱		台	1	800
	配变终端（TTU）		台	2	7661
主要材料	圆钢		kg	24978.43	4.67
	镀锌钢材		kg	11092.37	5.71
	混凝土		m³	148.87	341.68
	钢材		kg	2999.05	5.11

指标名称	配电站 4，油浸式变压器 2×630kVA，自动化				
规模	安装规模：10kV 负荷开关柜 4 台，630kVA 油浸式变压器 2 台，低压成套配电柜 9 台，DTU 1 套				
	建筑规模：配电房长 14.1m、宽 7.5m、高 5.4m，地下架空层高 1.8m，建筑面积 158.63m²，设备基础				
基价	建筑工程费	安装工程费	设备购置费	其他费用	基本预备费
177.66	60.59	16.73	81.11	14.06	5.17

主要设备及材料列表				
名称及规格型号		单位	数量	单价（元）
主要设备	低压封闭母线 2000A	三相米	14	5424
	变压器 630kVA 非晶合金 油浸	台	2	76727
	10kV 高压环网柜 负荷开关熔断器组合柜	台	4	35482
	低压成套开关柜 固定式 2500A	台	3	46782
	低压成套开关柜 固定分隔式 1250A	台	4	32092
	低压成套开关柜 电容器柜 380V 100kvar	台	2	16950
	10kV 高压环网柜 母线 PT 柜	台	2	41471
	配电自动化终端（DTU）	套	1	22340
	配电箱	台	1	800
	配变终端（TTU）	台	2	7661

主要设备及材料列表				
名称及规格型号		单位	数量	单价（元）
主要材料	圆钢	kg	28782.6	4.67
	镀锌钢材	kg	11121.86	5.71
	混凝土	m³	193.63	341.68
	钢材	kg	3392.19	5.11

指标编号：PZB1-8　　　　　　　　　　　　　　　　　　　　　　　　指标单位：万元/站

指标名称	配电站5，干式变压器　2×800kVA				
规模	安装规模：10kV 负荷开关柜 4 台，800kVA 干式变压器 2 台，抽屉式低压成套配电柜 9 台				
	建筑规模：配电房长 11.1m、宽 6.9m、高 6m，地下架空层高 1.8m，建筑面积 114.89m²，设备基础				
基价	建筑工程费	安装工程费	设备购置费	其他费用	基本预备费
137.26	38.95	8.77	75.74	9.8	4

主要设备及材料列表				
名称及规格型号		单位	数量	单价（元）
主要设备	低压封闭母线　2000A	三相米	11	5424
	10kV 高压环网柜　负荷开关熔断器组合柜	台	4	35482
	低压成套开关柜　固定式　2500A	台	3	46782

主要设备及材料列表				
名称及规格型号		单位	数量	单价（元）
主要设备	低压成套开关柜　固定分隔式　1250A	台	4	32092
	低压成套开关柜　电容器柜 380V　100kvar	台	2	16950
	变压器　800kVA　硅钢片　干式	台	2	111192
	配电箱	台	1	800
	配变终端（TTU）	台	2	7661
主要材料	圆钢	kg	15921.52	4.67
	镀锌钢材	kg	3665.39	5.71
	混凝土	m³	91.17	341.68
	钢材	kg	2125.78	5.11

指标编号：PZB1-9

指标单位：万元/站

指标名称	配电站6，干式变压器　2×800kVA，自动化				
规模	安装规模：10kV 负荷开关柜 4 台，800kVA 干式变压器 2 台，抽屉式低压成套配电柜 9 台，DTU 1 套				
	建筑规模：配电房长 13.9m、宽 6.9m、高 6m，地下架空层高 1.8m，建筑面积 143.87m²，设备基础				
基价	建筑工程费	安装工程费	设备购置费	其他费用	基本预备费
163.51	47.31	13.12	86.49	11.83	4.76

主要设备及材料列表			
名称及规格型号	单位	数量	单价（元）
主要设备	低压封闭母线　2000A	三相米	11	5424
	10kV 高压环网柜　负荷开关熔断器组合柜	台	4	35482
	低压成套开关柜　固定式　2500A	台	3	46782
	低压成套开关柜　固定分隔式　1250A	台	4	32092
	低压成套开关柜　电容器柜　380V　100kvar	台	2	16950
	变压器　800kVA　硅钢片　干式	台	2	111192
	10kV 高压环网柜　母线 PT 柜	台	2	41471
	配电自动化终端（DTU）	套	1	22340
	配电箱	台	1	800
	配变终端（TTU）	台	2	7661
主要材料	圆钢	kg	19387.77	4.67
	镀锌钢材	kg	6694.65	5.71
	混凝土	m³	130.21	341.68
	钢材	kg	2463.68	5.11

指标名称	配电站7，干式变压器 2×800kVA，自动化，电缆连接				
规模	安装规模：10kV 负荷开关柜 4 台，800kVA 干式变压器 2 台，低压成套配电柜 7 台，DTU 1 套，变压器低压侧与低压柜电缆连接				
	建筑规模：配电房长 11.1m、宽 6.9m、高 6m，地下架空层高 1.8m，建筑面积 114.89m², 设备基础				
基价	建筑工程费	安装工程费	设备购置费	其他费用	基本预备费
133.98	38.93	11.59	69.61	9.93	3.9
主要设备及材料列表					
名称及规格型号		单位	数量	单价（元）	
主要设备	10kV 高压环网柜　负荷开关熔断器组合柜	台	4	35482	
	低压成套开关柜　固定式　2500A	台	3	46782	
	低压成套开关柜　固定分隔式　1250A	台	2	32092	
	低压成套开关柜　电容器柜　380V　100kvar	台	2	16950	
	变压器　800kVA　硅钢片　干式	台	2	111192	
	10kV 高压环网柜　母线 PT 柜	台	1	41471	
	配电自动化终端（DTU）	套	1	22340	
	配电箱	台	1	800	
	配变终端（TTU）	台	2	7661	

<table>
<tr><td colspan="4">主要设备及材料列表</td></tr>
</table>

	名称及规格型号	单位	数量	单价（元）
主要材料	圆钢	kg	15934.36	4.67
	镀锌钢材	kg	3364.94	5.71
	混凝土	m^3	91.53	341.68
	钢材	kg	2115.75	5.11

指标编号：PZB1-11   指标单位：万元/站

指标名称	配电站 8，干式变压器　4×800kVA，自动化				
规模	安装规模：10kV 负荷开关柜 10 台，800kVA 干式变压器 4 台，抽屉式低压成套配电柜 18 台，DTU 1 套				
	建筑规模：配电房长 18m、宽 10m、高 6m，地下架空层高 1.8m，建筑面积 270m²，设备基础				
基价	建筑工程费	安装工程费	设备购置费	其他费用	基本预备费
285.96	71.96	18.3	169.48	17.89	8.33
主要设备及材料列表					
	名称及规格型号		单位	数量	单价（元）
主要设备	低压封闭母线　2000A		三相米	22	5424
	10kV 高压环网柜　负荷开关熔断器组合柜		台	10	35482
	低压成套开关柜　固定式　2500A		台	6	46782

主要设备及材料列表				
名称及规格型号		单位	数量	单价（元）
主要设备	低压成套开关柜 固定分隔式 1250A	台	8	32092
	低压成套开关柜 电容器柜 380V 100kvar	台	4	16950
	变压器 800kVA 硅钢片 干式	台	4	111192
	10kV 高压环网柜 母线 PT 柜	台	2	41471
	配电自动化终端（DTU）	套	1	22340
	配电箱	台	1	800
	配变终端（TTU）	台	4	7661
主要材料	圆钢	kg	28622.92	4.67
	镀锌钢材	kg	3382.41	5.71
	混凝土	m³	172.34	341.68
	钢材	kg	3660.56	5.11

指标编号：PZB1-12

指标单位：万元/站

指标名称	配电站 9，干式变压器 4×800kVA，自动化，电缆连接
规模	安装规模：10kV 负荷开关柜 8 台，800kVA 干式变压器 4 台，低压成套配电柜 12 台，DTU 1 套，变压器低压侧与低压柜电缆连接
	建筑规模：配电房长 14.1m、宽 7.5m、高 5.4m，地下架空层高 1.8m，建筑面积 158.63m²，设备基础

基价	建筑工程费	安装工程费	设备购置费	其他费用	基本预备费
252.24	60.31	30.88	136.94	16.75	7.35

主要设备及材料列表				
名称及规格型号		单位	数量	单价（元）
主要设备	10kV 高压环网柜　负荷开关熔断器组合柜	台	8	35482
	低压成套开关柜　固定式　2500A	台	6	46782
	低压成套开关柜　固定分隔式　1250A	台	4	32092
	低压成套开关柜　电容器柜　380V　100kvar	台	4	16950
	变压器　800kVA　硅钢片　干式	台	4	111192
	10kV 高压环网柜　母线 PT 柜	台	2	41471
	配电自动化终端（DTU）	套	1	22340
	配电箱	台	1	800
	配变终端（TTU）	台	4	7661
主要材料	圆钢	kg	28125.37	4.67
	镀锌钢材	kg	6563.85	5.71
	混凝土	m³	180.82	341.68
	钢材	kg	3321.47	5.11
	电力电缆　YJV　0.6/1kV　4×240	m	80	617.11
	电力电缆　AC10kV，YJY，400，3，22	m	80	839.12

指标名称	配电站智能辅助控制系统（线路回路12回路以内）				
规模	安装规模：包含环境监测单元、安防监测单元、设备状态监测单元、视频监控等				
基价	建筑工程费	安装工程费	设备购置费	其他费用	基本预备费
17.02		3.49	11.98	1.05	0.5
主要设备及材料列表					
	名称及规格型号		单位	数量	单价（元）
主要设备	通信机柜		架	1	6068
	二层工业以太网交换机		台	1	6300
	摄像头（枪机）		台	2	2000
	摄像头（球机）		台	2	3000
	温湿度传感器		只	2	800
	水浸传感器		只	2	600
	智能网关		组	1	6700
	调温除湿设备		套	4	5000
	视频云节点		台	1	2580
	低压回路测控终端　带通信功能数字式仪表		组	16	650
	烟雾传感器		组	2	510

主要设备及材料列表				
名称及规格型号		单位	数量	单价（元）
主要设备	门状态传感器	套	2	160
	六氟化硫传感器	组	2	5880
	特高频局放传感器	套	1	3800
	电缆头测温传感器	个	24	800
	油浸变压器状态能量传感器	个	2	3400
	门禁控制器	个	2	2880
	电子锁（双开）	个	2	600
	读卡器	个	2	960
	KVM 显示器	台	1	3200
主要材料	航空插头一体化电缆（电源线、信号线）	m	800	8.85

指标编号：PZB1-14

指标单位：万元/站

指标名称	配电站智能辅助控制系统（线路回路 12 回路以上）				
规模	安装规模：包含环境监测单元、安防监测单元、设备状态监测单元、视频监控等				
基价	建筑工程费	安装工程费	设备购置费	其他费用	基本预备费
22.21		5.93	14.18	1.46	0.65

主要设备及材料列表			
名称及规格型号	单位	数量	单价（元）
主要设备	通信机柜	架	1	6068
	二层工业以太网交换机	台	1	6300
	摄像头（枪机）	台	2	2000
	摄像头（球机）	台	2	3000
	温湿度传感器	只	4	800
	水浸传感器	只	3	600
	智能网关	组	1	6700
	调温除湿设备	套	5	5000
	视频云节点	台	1	2580
	低压回路测控终端 带通信功能数字式仪表	组	24	650
	烟雾传感器	组	2	510
	门状态传感器	套	2	160
	六氟化硫传感器	组	2	5880
	特高频局放传感器	套	1	3800
	电缆头测温传感器	个	36	800

主要设备及材料列表				
名称及规格型号		单位	数量	单价（元）
主要设备	油浸变压器状态能量传感器	个	2	3400
	门禁控制器	个	2	2880
	电子锁（双开）	个	2	600
	读卡器	个	2	960
	KVM 显示器	台	1	3200
主要材料	航空插头一体化电缆（电源线、信号线）	m	1600	8.85

1.3 开 关 站

指标编号：PZB1-15

指标单位：万元/站

指标名称	开关站1，2进12出，金属铠装移开式				
规模	安装规模：10kV 开关柜选用金属铠装移开式，2 进线 12 出线，断路器柜 15 台，母线设备柜 2 台，10kV 母线分段隔离柜 1 台，站用变压器柜 2 台，远动通信柜 1 台，直流电源系统 1 套				
	建筑规模：开关站房屋长 14m，宽 8.5m，高 5.1m，建筑面积 119m², 设备基础				
基价	建筑工程费	安装工程费	设备购置费	其他费用	基本预备费
225.21	35.42	21.37	149.48	12.37	6.56

主要设备及材料列表				
名称及规格型号		单位	数量	单价（元）
主要设备	高压成套开关柜 馈线开关柜 1250A	台	15	67009
	高压成套开关柜 母线设备柜 1250A	台	2	72433
	高压成套开关柜 站用变开关柜 1250A	台	2	77454
	高压成套开关柜 分段隔离柜	台	1	39776
	直流电源系统 110V 30A	套	1	59099
	远动通信柜	台	1	60455
	配电箱	台	1	800
主要材料	圆钢	kg	12623.89	4.67
	镀锌钢材	kg	792.26	5.71
	混凝土	m³	120.97	341.68
	钢材	kg	1911.3	5.11
	电力电缆 AC10kV，YJY，400，3，22	m	80	839.12

指标编号：PZB1-16 指标单位：万元/站

指标名称	开关站2，4进12出，金属铠装移开式				
规模	安装规模：10kV开关柜选用金属铠装移开式，4进线12出线，断路器柜16台，母线设备柜2台，站用变压器柜2台，远动通信柜1台，直流电源系统1套				
	建筑规模：开关站房屋长14m，宽8.5m，高5.1m，建筑面积119m²，设备基础				
基价	建筑工程费	安装工程费	设备购置费	其他费用	基本预备费
228.85	35.42	21.98	152.26	12.52	6.67
主要设备及材料列表					
	名称及规格型号		单位	数量	单价（元）
主要设备	高压成套开关柜　馈线开关柜　1250A		台	16	67009
	高压成套开关柜　母线设备柜　1250A		台	2	72433
	高压成套开关柜　站用变开关柜　1250A		台	2	77454
	直流电源系统　110V　30A		套	1	59099
	远动通信柜		台	1	60455
	配电箱		台	1	800
主要材料	圆钢		kg	12623.89	4.67
	镀锌钢材		kg	792.26	5.71
	混凝土		m³	120.97	341.68
	钢材		kg	1911.3	5.11
	电力电缆　AC10kV，YJY，400，3，22		m	80	839.12

23

指标名称	开关站 3，2 进 12 出，气体绝缘柜				
规模	安装规模：10kV 开关柜选用气体绝缘金属封闭开关柜；断路器柜 15 台，母线设备柜 2 台，10kV 母线分段隔离柜 1 台，站用变压器 2 台，远动通信柜 2 台，直流电源系统 2 套				
	建筑规模：开关站房屋长 13.2m、宽 5.4m、高 4.7m，建筑面积 71.28m², 设备基础				
基价	建筑工程费	安装工程费	设备购置费	其他费用	基本预备费
240.19	22.54	22.33	177.09	11.24	7
主要设备及材料列表					
名称及规格型号		单位	数量		单价（元）
主要设备	高压成套开关柜　SF6 断路器柜	台	15		77066
	高压成套开关柜　母线设备柜　1250A	台	2		72433
	高压成套开关柜　站用变开关柜　1250A	台	2		77454
	高压成套开关柜　分段隔离柜	台	1		39776
	直流电源系统　110V　30A	套	2		59099
	远动通信柜	台	2		60455
	配电箱	台	1		800
主要材料	圆钢	kg	6978.16		4.67
	镀锌钢材	kg	735.4		5.71
	混凝土	m³	76.32		341.68

<table>
<tr><td colspan="4">主要设备及材料列表</td></tr>
<tr><td rowspan="3">主要材料</td><td>名称及规格型号</td><td>单位</td><td>数量</td><td>单价（元）</td></tr>
<tr><td>钢材</td><td>kg</td><td>1032.66</td><td>5.11</td></tr>
<tr><td>电力电缆　AC10kV，YJY，400，3，22</td><td>m</td><td>80</td><td>839.12</td></tr>
</table>

指标编号：PZB1-18　　　　　　　　　　　　　　　　　　　　　　指标单位：万元/站

指标名称	开关站4，4进12出，金属铠装移开式，单母三分段				
规模	安装规模：10kV开关柜选用金属铠装移开式，4进线12出线，单母线三分段：断路器柜18台，母线设备柜3台，10kV母线分段隔离柜2台，站用变压器柜2台，远动通信柜1台，直流电源系统1套				
	建筑规模：开关站房屋长15m、宽8.5m、高5.1m，建筑面积127.5m²，设备基础				
基价	建筑工程费	安装工程费	设备购置费	其他费用	基本预备费
274.01	37.84	32.16	181.46	14.56	7.98
主要设备及材料列表					
	名称及规格型号		单位	数量	单价（元）
主要设备	高压成套开关柜　馈线开关柜　1250A		台	18	67009
	高压成套开关柜　母线设备柜　1250A		台	3	72433
	高压成套开关柜　站用变开关柜　1250A		台	2	77454
	高压成套开关柜　分段隔离柜		台	2	39776

主要设备及材料列表					
名称及规格型号		单位	数量	单价（元）	
主要设备	直流电源系统 110V 30A	套	1	59099	
	远动通信柜	台	1	60455	
	配电箱	台	1	800	
主要材料	圆钢	kg	13148.07	4.67	
	镀锌钢材	kg	801.03	5.71	
	混凝土	m³	141.65	341.68	
	钢材	kg	2150.88	5.11	
	电力电缆 AC10kV，YJY，400，3，22	m	160	839.12	

指标编号：PZB1-19

指标单位：万元/站

指标名称	开关站智能辅助控制系统（线路回数12以上）				
规模	安装规模：包含环境监测单元、安防监测单元、设备状态监测单元、视频监控等				
基价	建筑工程费	安装工程费	设备购置费	其他费用	基本预备费
21.75		5.34	14.38	1.39	0.63

主要设备及材料列表				
名称及规格型号		单位	数量	单价（元）
主要设备	通信机柜	架	1	6068
	二层工业以太网交换机	台	1	6300
	摄像头（枪机）	台	1	2000
	摄像头（球机）	台	6	3000
	温湿度传感器	只	4	800
	水浸传感器	只	3	600
	智能网关	组	1	6700
	调温除湿设备	套	5	5000
	视频云节点	台	1	2580
	烟雾传感器	组	2	510
	门状态传感器	套	2	160
	六氟化硫传感器	组	2	5880
	特高频局放传感器	套	1	3800
	电缆头测温传感器	个	54	800
	门禁控制器	个	2	2880

主要设备及材料列表				
名称及规格型号		单位	数量	单价（元）
主要设备	电子锁（双开）	个	2	600
	读卡器	个	2	960
	KVM 显示器	台	1	3200
主要材料	镀锌钢材	kg	1.32	5.71
	航空插头一体化电缆（电源线、信号线）	m	1300	8.85

指标编号：PZB1-20　　　　　　　　　　　　　　　　　　　　　　　　　　　指标单位：万元/站

指标名称	开关站智能辅助控制系统（线路回数 12 以内）				
规模	安装规模：包含环境监测单元、安防监测单元、设备状态监测单元、视频监控等				
基价	建筑工程费	安装工程费	设备购置费	其他费用	基本预备费
15.52		3.13	10.98	0.96	0.45
主要设备及材料列表					
名称及规格型号		单位	数量	单价（元）	
主要设备	通信机柜	架	1	6068	
	二层工业以太网交换机	台	1	6300	
	摄像头（枪机）	台	2	2000	
	摄像头（球机）	台	2	3000	

主要设备及材料列表				
名称及规格型号		单位	数量	单价（元）
主要设备	温湿度传感器	只	2	800
	水浸传感器	只	2	600
	智能网关	组	1	6700
	调温除湿设备	套	4	5000
	视频云节点	台	1	2580
	烟雾传感器	组	2	510
	门状态传感器	套	2	160
	六氟化硫传感器	组	2	5880
	特高频局放传感器	套	1	3800
	电缆头测温传感器	个	36	800
	门禁控制器	个	2	2880
	电子锁（双开）	个	2	600
	读卡器	个	2	960
	显示器	台	1	800
主要材料	镀锌钢材	kg	0.66	5.71
	航空插头一体化电缆（电源线、信号线）	m	650	8.85

1.4 环 网 室

指标单位：万元/站

指标名称	环网室 1，1 进 3 出				
规模	安装规模：10kV 负荷开关柜 4 台，电压互感器柜 1 台，1 进线 3 出线，DTU 1 套				
	建筑规模：环网室长 6m、宽 3.5m、高 4.5m，建筑面积 21m²，设备基础				
基价	建筑工程费	安装工程费	设备购置费	其他费用	基本预备费
29.43	3.23	2.48	21	1.87	0.86
主要设备及材料列表					
	名称及规格型号		单位	数量	单价（元）
主要设备	10kV 高压环网柜　负荷开关熔断器组合柜		台	4	35482
	10kV 高压环网柜　母线 PT 柜		台	1	41471
	配电自动化终端（DTU）		套	1	22340
主要材料	圆钢		kg	317.9	4.67
	镀锌钢材		kg	178.38	5.71
	混凝土		m³	20.28	341.68

指标名称	环网室2，2进4出				
规模	安装规模：10kV 负荷开关柜 6 台，电压互感器柜 1 台，2 进线 4 出线，DTU 1 套				
	建筑规模：环网室长 6m、宽 3.5m、高 4.5m，建筑面积 21m²，设备基础				
基价	建筑工程费	安装工程费	设备购置费	其他费用	基本预备费
38.17	3.23	3.33	28.25	2.25	1.11
主要设备及材料列表					
	名称及规格型号		单位	数量	单价（元）
主要设备	10kV 高压环网柜　负荷开关熔断器组合柜		台	6	35482
	10kV 高压环网柜　母线 PT 柜		台	1	41471
	配电自动化终端（DTU）		套	1	22340
主要材料	圆钢		kg	317.9	4.67
	镀锌钢材		kg	218.38	5.71
	混凝土		m³	20.28	341.68

指标名称	环网室3，2进6出
规模	安装规模：10kV 负荷开关柜 10 台（含联络柜 2 台），电压互感器柜 2 台，2 进线 6 出线，DTU 1 套
	建筑规模：环网室长 6m、宽 3.5m、高 4.5m，建筑面积 21m²，设备基础

基价	建筑工程费	安装工程费	设备购置费	其他费用	基本预备费
60.59	3.23	5.49	46.97	3.14	1.76

主要设备及材料列表				
	名称及规格型号	单位	数量	单价（元）
主要设备	10kV 高压环网柜　负荷开关熔断器组合柜	台	10	35482
	10kV 高压环网柜　母线 PT 柜	台	2	41471
	配电自动化终端（DTU）	套	1	22340
主要材料	圆钢	kg	317.98	4.67
	镀锌钢材	kg	298.41	5.71
	混凝土	m³	20.28	341.68

指标编号：PZB1-24　　　　　　　　　　　　　　　　　　　　　　　指标单位：万元/站

指标名称	环网室4，2进8出（其中2回出线为断路器柜）				
规模	安装规模：10kV 负荷开关柜 10 台（含联络柜 2 台），断路器柜 2 台，电压互感器柜 2 台，2 进线 8 出线，DTU 1 套				
	建筑规模：环网室长 6m、宽 5m、高 4.5m，建筑面积 30m²，设备基础				
基价	建筑工程费	安装工程费	设备购置费	其他费用	基本预备费
77.78	4.61	6.62	60.37	3.92	2.27

主要设备及材料列表				
名称及规格型号		单位	数量	单价（元）
主要设备	10kV 高压环网柜　负荷开关熔断器组合柜	台	10	35482
	10kV 高压环网柜　母线 PT 柜	台	2	41471
	配电自动化终端（DTU）	套	1	22340
	高压成套开关柜　馈线开关柜　1250A	台	2	67009
主要材料	圆钢	kg	454.22	4.67
	镀锌钢材	kg	329.19	5.71
	混凝土	m³	28.95	341.68

指标编号：PZB1-25　　　　　　　　　　　　　　　　　　　　　　指标单位：万元/站

指标名称	环网室 5，2 进 10 出				
规模	安装规模：10kV 负荷开关柜 12 台，电压互感器柜 2 台，DTU 2 套，2 进线 10 出线				
	建筑规模：环网室长 6m，宽 5m，高 4.5m，建筑面积 30m²，设备基础				
基价	建筑工程费	安装工程费	设备购置费	其他费用	基本预备费
82.81	4.61	14.61	56.5	4.68	2.41

主要设备及材料列表					
	名称及规格型号	单位	数量	单价（元）	
主要设备	10kV 高压环网柜　负荷开关熔断器组合柜	台	12	35482	
	10kV 高压环网柜　母线 PT 柜	台	2	41471	
	配电自动化终端（DTU）	套	2	22340	
主要材料	圆钢	kg	454.13	4.67	
	镀锌钢材	kg	379.16	5.71	
	混凝土	m³	28.95	341.68	
	电力电缆　AC10kV，YJY，400，3，22	m	80	839.12	

指标编号：PZB1-26　　　　　　　　　　　　　　　　　　　　指标单位：万元/站

指标名称	环网室 6，2 进 12 出				
规模	安装规模：出线断路器柜 12 台，进线负荷开关柜 2 台，母线分段柜 2 台、站用变压器柜 2 台、母线设备柜 2 台，远动通信柜 1 台，直流电源系统 1 套				
	建筑规模：环网室长 16.2m、宽 4m、高 4.5m，建筑面积 64.8m²，设备基础				
基价	建筑工程费	安装工程费	设备购置费	其他费用	基本预备费
184.15	10.45	20.55	139.39	8.4	5.36

主要设备及材料列表				
名称及规格型号		单位	数量	单价（元）
主要设备	10kV 高压环网柜　负荷开关熔断器组合柜	台	4	35482
	高压成套开关柜　馈线开关柜　1250A	台	12	67009
	高压成套开关柜　母线设备柜　1250A	台	2	72433
	高压成套开关柜　站用变开关柜　1250A	台	2	77454
	直流电源系统　110V　30A	套	1	59099
	远动通信柜	台	1	60455
主要材料	圆钢	kg	1024.17	4.67
	镀锌钢材	kg	222.51	5.71
	混凝土	m³	63.77	341.68
	控制电缆	100m	8	1928
	电力电缆　AC10kV，YJY，400，3，22	m	80	839.12

指标编号：PZB1-27 　　　　　　　　　　　　　　　　　　　　　　　指标单位：万元/站

指标名称	环网室7，2 进12出，负荷开关柜
规模	安装规模：进线 2 台、出线 12 台、分段柜 2 台、电压互感器柜 2 台，直流电源系统 1 套，远动通信柜 1 台
	建筑规模：环网室长 16.2m、宽 4m、高 4.5m，建筑面积 64.8m²，设备基础

基价	建筑工程费	安装工程费	设备购置费	其他费用	基本预备费
116.71	10.45	17.75	78.63	6.48	3.4

	主要设备及材料列表			
	名称及规格型号	单位	数量	单价（元）
主要设备	10kV 高压环网柜　负荷开关熔断器组合柜	台	16	35482
	10kV 高压环网柜　母线 PT 柜	台	2	41471
	直流电源系统　110V　30A	套	1	59099
	远动通信柜	台	1	60455
主要材料	圆钢	kg	1024.17	4.67
	镀锌钢材	kg	222.51	5.71
	混凝土	m³	63.77	341.68
	控制电缆	100m	8	1928
	电力电缆　AC10kV，YJY，400，3，22	m	80	839.12

指标编号：PZB1-28　　　　　　　　　　　　　　　　　　　　　　　　　指标单位：万元/站

指标名称	环网室8，4进12出，单母分段
规模	安装规模：出线断路器柜 12 台，进线负荷开关柜 4 台，站用变压器柜 2 台、母线设备柜 2 台，远动通信柜 1 台，直流电源系统 1 套
	建筑规模：环网室长 9m、宽 6m、高 4.1m，建筑面积 54m²，设备基础

基价	建筑工程费	安装工程费	设备购置费	其他费用	基本预备费
172.36	8.3	12.42	139.39	7.23	5.02
主要设备及材料列表					

	名称及规格型号	单位	数量	单价（元）
主要设备	10kV 高压环网柜　负荷开关熔断器组合柜	台	4	35482
	高压成套开关柜　馈线开关柜　1250A	台	12	67009
	高压成套开关柜　母线设备柜　1250A	台	2	72433
	高压成套开关柜　站用变开关柜　1250A	台	2	77454
	直流电源系统　110V　30A	套	1	59099
	远动通信柜	台	1	60455
主要材料	圆钢	kg	817.43	4.67
	镀锌钢材	kg	361.25	5.71
	混凝土	m³	52.1	341.68
	控制电缆	100m	8	1928

指标名称	环网室9，4进12出，双母线				
规模	安装规模：进线4台，馈线柜12台，站用变压器柜2台，母线设备柜2台，直流电源系统1套，远动通信柜1台				
	建筑规模：环网室长9m、宽6m、高4.1m，建筑面积54m²，设备基础				
基价	建筑工程费	安装工程费	设备购置费	其他费用	基本预备费
129.27	8.3	10.44	100.77	6	3.77
主要设备及材料列表					
名称及规格型号		单位	数量	单价（元）	
主要设备	10kV 高压环网柜　负荷开关熔断器组合柜	台	16	35482	
	高压成套开关柜　母线设备柜　1250A	台	2	72433	
	高压成套开关柜　站用变开关柜　1250A	台	2	77454	
	直流电源系统　110V　30A	套	1	59099	
	远动通信柜	台	1	60455	
主要材料	圆钢	kg	817.43	4.67	
	镀锌钢材	kg	361.25	5.71	
	混凝土	m³	52.1	341.68	
	控制电缆	100m	8	1928	

指标名称	环网室10，4进12出				
规模	安装规模：出线断路器柜12台，进线负荷开关柜4台，母线分段柜4台、站用变压器柜2台、电压互感器柜3台、远动通信柜1台，直流电源系统1套				
	建筑规模：环网室长11m、宽6m、高5.05m，建筑面积66m²，设备基础				
基价	建筑工程费	安装工程费	设备购置费	其他费用	基本预备费
209.49	10.66	31.14	151.79	9.8	6.1
主要设备及材料列表					
	名称及规格型号	单位	数量	单价（元）	
主要设备	10kV 高压环网柜　负荷开关熔断器组合柜	台	8	35482	
	10kV 高压环网柜　母线PT柜	台	3	41471	
	高压成套开关柜　馈线开关柜　1250A	台	12	67009	
	高压成套开关柜　站用变开关柜　1250A	台	2	77454	
	直流电源系统　110V　30A	套	1	59099	
	远动通信柜	台	1	60455	
主要材料	圆钢	kg	1062.27	4.67	
	镀锌钢材	kg	381.65	5.71	
	混凝土	m³	65.64	341.68	
	控制电缆	100m	10	1928	
	电力电缆　AC10kV，YJY，400，3，22	m	160	839.12	

1.5 箱式开关站

指标编号：PZB1-31

指标单位：万元/站

指标名称	箱式开关站 1，2 进 4 出				
规模	安装规模：2 进 4 出箱式开关站 1 座				
	建筑规模：箱式开关站基础 1 座，尺寸：长 6m、宽 2.1m、高 2.5m				
基价	建筑工程费	安装工程费		设备购置费	其他费用	基本预备费
31.91	2.1	1.9		25.19	1.78	0.93
主要设备及材料列表					
	名称及规格型号		单位	数量	单价（元）
主要设备	10kV 高压环网柜　负荷开关熔断器组合柜		台	6	35482
	箱式开关站外壳		座	1	33900
主要材料	圆钢		kg	1335.09	4.67
	镀锌钢材		kg	362.55	5.71
	混凝土		m³	11.69	341.68
	钢材		kg	32.74	5.11

指标名称	箱式开关站 2，2 进 4 出，自动化				
规模	安装规模：2 进 4 出箱式开关站 1 座，DTU 1 套				
	建筑规模：箱式开关站基础 1 座，尺寸：长 8.05m、宽 2.1m、高 2.5m				
基价	建筑工程费	安装工程费	设备购置费	其他费用	基本预备费
42.68	1.98	5.33	31.71	2.42	1.24
主要设备及材料列表					
名称及规格型号			单位	数量	单价（元）
主要设备	10kV 高压环网柜　负荷开关熔断器组合柜		台	6	35482
	10kV 高压环网柜　母线 PT 柜		台	1	41471
	配电自动化终端（DTU）		套	1	22340
	箱式开关站外壳		座	1	33900
主要材料	圆钢		kg	1274.64	4.67
	镀锌钢材		kg	718.76	5.71
	混凝土		m^3	10.53	341.68
	钢材		kg	81.76	5.11
	控制电缆		100m	4	1928

指标名称	箱式开关站智能辅助控制系统				
规模	安装规模：包含环境监测单元、安防监测单元、设备状态监测单元等				
基价	建筑工程费	安装工程费	设备购置费	其他费用	基本预备费
3.3	0.05	0.73	2.21	0.22	0.1
主要设备及材料列表					
	名称及规格型号		单位	数量	单价（元）
主要设备	温湿度传感器		只	1	800
	水浸传感器		只	1	600
	智能网关		组	1	6700
	调温除湿设备		套	2	5000
	烟雾传感器		组	1	510
	门状态传感器		套	2	160
	电缆头测温传感器		个	4	800
主要材料	镀锌钢材		kg	0.2	5.71
	六类非屏蔽双绞线		m	197	5

第 2 章　充（换）电站工程

说　　明

1．内容范围

本章内容包括充电站、换电站的估算指标。

2．组成规则

（1）充电站包括 10 个方案，方案按照充电设备类型及功率编制估算指标。方案的设备类型分为交流及直流充电设备，并按照常见典型方案的功率组合进行配置。建筑工程配置相应设备的基础、遮雨篷（罩棚）及场地相关设施等。

（2）换电站包括 3 个方案，方案按照服务车辆类型及服务能力编制估算指标。服务车辆类型分为商用车及乘用车，其中，商用车按照侧向更换电池考虑，乘用车按照底盘更换电池考虑。服务能力按照工位划分。建筑工程配置换电车间、相关辅助用房及场地相关设施等。

3．计算规则

（1）充电站以"万元/站"为计量单位。

（2）换电站以"万元/座"为计量单位。

4．使用说明

（1）当实际工程与指标方案规模存在差异时，可调整指标表格中列出的设备购置费和主要材料费，其他不予调整。

（2）各主要方案的估算指标已经包括了设备、建筑等专业的费用。

2.1 充 电 站

指标编号：PZB2-1

指标单位：万元/站

指标名称	交流充电桩　10×7kW				
规模	安装规模：10 台 7kW 交流充电桩；1 只低压电缆分支箱				
	建筑规模：用地面积 180m²，充电桩基础及遮雨篷 10 个。遮雨篷采用轻型钢结构，顶棚及三面围护采用轻型环保材料，单个尺寸：长 2.7m、宽 2m、高 2.4m；充电桩基础采用钢筋混凝土，单个尺寸：长 0.7m、宽 0.5m、高 0.7m				
基价	建筑工程费	安装工程费	设备购置费	其他费用	基本预备费
14.21	3.72	2.34	6.44	1.28	0.41
主要设备及材料列表					
名称及规格型号			单位	数量	单价（元）
主要设备	低压电缆分支箱　AC400V，七路，630A		只	1	8249
	交流充电桩（含认证计费单元）　7kW		台	10	5500
主要材料	圆钢		kg	0.42	4.67
	镀锌钢材		kg	306.11	5.71
	混凝土		m³	2.82	341.68
	钢材		kg	545.04	5.11
	电力电缆　YJV22　0.6/1kV　4×25		m	150	63.52
	轻型环保材料雨篷		m²	128.4	210.45

指标名称	交流充电桩 20×40kW				
规模	安装规模：20 台 40kW 交流充电桩；1 座 630kVA 箱式变电站				
	建筑规模：用地面积 1500m²，充电桩基础及遮雨篷 20 个。遮雨篷采用轻型钢结构，顶棚及三面围护采用轻型环保材料，单个尺寸：长 2.7m、宽 2m、高 2.4m；充电桩基础采用钢筋混凝土，单个尺寸：长 0.7m、宽 0.5m、高 0.7m				
基价	建筑工程费	安装工程费	设备购置费	其他费用	基本预备费
64.76	7.23	7.31	44.44	3.89	1.89
主要设备及材料列表					
	名称及规格型号		单位	数量	单价（元）
主要设备	交流充电桩（含认证计费单元） 40kW		台	20	12000
	箱式变电站 630kVA 欧式 有环网柜		座	1	199382
主要材料	圆钢		kg	1.12	4.67
	镀锌钢材		kg	272.28	5.71
	混凝土		m³	5.64	341.68
	钢材		kg	1091.93	5.11
	电力电缆 YJV22 0.6/1kV 4×25		m	400	63.52
	轻型环保材料雨篷		m²	247.2	210.45

指标编号：PZB2-3 指标单位：万元/站

指标名称	非车载充电机 2×60kW				
规模	安装规模：2 台 60kW 直流整车充电机（一体式 1 机 2 充）；1 只低压电缆分支箱				
	建筑规模：用地面积 50m²，充电桩基础及遮雨篷 2 个。遮雨篷采用轻型钢结构，顶棚及三面围护采用轻型环保材料，单个尺寸：长 2.7m、宽 2m、高 2.4m；充电桩基础采用钢筋混凝土，单个尺寸：长 0.7m、宽 0.5m、高 0.7m				
基价	建筑工程费	安装工程费	设备购置费	其他费用	基本预备费
19.02	0.92	4.72	11.48	1.34	0.55
主要设备及材料列表					
	名称及规格型号		单位	数量	单价（元）
主要设备	非车载充电机（直流整车充电机） 功率 60kW		台	2	53300
	低压电缆分支箱 AC400V，七路，630A		只	1	8249
主要材料	圆钢		kg	0.42	4.67
	镀锌钢材		kg	306.11	5.71
	混凝土		m³	0.56	341.68
	钢材		kg	109.36	5.11
	电力电缆 AC10kV，YJY，70，3，22		m	150	234
	轻型环保材料雨篷		m²	33.36	210.45

47

指标名称	非车载充电机　2×120kW＋4×60kW				
规模	安装规模：2 台 120kW 直流整车充电机（分体式　1 机 2 桩），4 台 60kW 直流整车充电机（一体式 1 机 1 充）；1 座 630kVA 箱式变电站				
	建筑规模：用地面积 360m²，充电车位采用两列垂直式或单列垂直式布置，设置车挡装置，每个车位尺寸：长 6m、宽 2.5m。充电车位设置膜结构罩棚，采用玻纤 PVC 建筑膜材 244.3m²，整体框架采用轻型钢结构，采用现浇钢筋混凝土基础，室外混凝土场地 322m²，钢围栅 37.1m，室外钢筋混凝土电缆沟长 20m，电缆井 2 个				
基价	建筑工程费	安装工程费	设备购置费	其他费用	基本预备费
118.9	26.42	18.83	61.63	8.56	3.46
主要设备及材料列表					
名称及规格型号			单位	数量	单价（元）
主要设备	非车载充电机（直流整车充电机）　功率 60kW		台	4	53300
	非车载充电机（直流整车充电机）　功率 120kW		台	2	107300
	箱式变电站　400kVA，欧式，有环网柜		座	1	188484
主要材料	圆钢		kg	943.44	4.67
	镀锌钢材		kg	2.38	5.71
	混凝土		m³	185.26	341.68
	钢材		kg	3876.07	5.11
	电力电缆　YJV22　0.6/1kV　4×185		m	200	520.15
	电力电缆　YJV22　0.6/1kV　4×25		m	320	63.52
	张拉膜雨篷		m²	244.3	300

指标名称	非车载充电机　4×120kW				
规模	安装规模：4 台 120kW 直流整车充电机（分体式 1 机 2 桩）；1 座 630kVA 箱式变电站				
	建筑规模：用地面积 360m²，充电车位采用两列垂直式或单列垂直式布置，设置车挡装置，每个车位尺寸：长 6m、宽 2.5m。充电车位设置膜结构罩棚，采用玻纤 PVC 建筑膜材 244.3m²，整体框架应采用轻型钢结构，采用现浇钢筋混凝土基础，室外混凝土场地 322m²，钢围栅 37.1m，室外钢筋混凝土电缆沟长 40m，电缆井 2 个				
基价	建筑工程费	安装工程费	设备购置费	其他费用	基本预备费
130.54	29.39	25.79	61.77	9.78	3.8
主要设备及材料列表					
	名称及规格型号		单位	数量	单价（元）
主要设备	非车载充电机（直流整车充电机）功率 120kW		台	4	107300
	箱式变电站　400kVA，欧式，有环网柜		座	1	188484
主要材料	圆钢		kg	2871.74	4.67
	镀锌钢材		kg	1183.75	5.71
	混凝土		m³	197.81	341.68
	钢材		kg	4627.69	5.11
	电力电缆　YJV22　0.6/1kV　4×185		m	250	520.15
	电力电缆　YJV22　0.6/1kV　4×25		m	120	63.52
	张拉膜雨篷		m²	244.3	300

指标名称	直流充电桩 20×120kW				
规模	安装规模：20 台 120kW 直流整车充电机（一体式 1 机 2 充）；1 台 2000kVA 干式变压器；10kV 采用单母线接线 2 回进线；0.4kV 采用单母线接线，30 回出线；配套站级监控系统				
	建筑规模：用地面积 3450m²，充电车位采用两列垂直式或单列垂直式布置，设置车挡装置，每个车位尺寸：长 13m、宽 3.5m。充电车位设置膜结构罩棚，采用玻纤 PVC 建筑膜材 1120m²，整体框架采用轻型钢结构，采用现浇钢筋混凝土基础。配电房室 160.2m²，框架结构，钢筋混凝土基础，外墙裙面砖，墙体加砌混凝土砌块，外墙面涂料，内墙乳胶漆。室外混凝土场地 199.95m²，砌体围墙 140m，室外钢筋混凝土电缆沟 72m				
基价	建筑工程费	安装工程费	设备购置费	其他费用	基本预备费
677.36	191.21	56.19	365.89	44.34	19.73
主要设备及材料列表					
	名称及规格型号		单位	数量	单价（元）
主要设备	非车载充电机（直流整车充电机） 功率 120kW		台	20	107300
	监控系统		套	1	477312
	电源系统		套	1	98310
	通信系统		套	1	100000
	变压器 2000kVA 硅钢片 干式		台	1	285450
	10kV 高压环网柜 断路器柜		台	1	44296
	低压成套开关柜 母线联络柜		台	1	36402
	低压成套开关柜 进出线柜 630A		台	5	52093

主要设备及材料列表			
名称及规格型号	单位	数量	单价（元）
主要设备	低压成套开关柜　进出线柜　2500A	台	1	86200
	10kV 高压环网柜　负荷开关熔断器组合柜	台	2	35482
	10kV 高压环网柜　母线 PT 柜	台	1	41471
	配电箱	台	1	800
主要材料	圆钢	kg	1757.5	4.67
	镀锌钢材	kg	4974.54	5.71
	混凝土	m³	706.33	341.68
	钢材	kg	45894.77	5.11
	电力电缆　VV22　0.6/1kV　3×70+2×35	m	1450	195.46
	张拉膜雨篷	m²	1120	300

指标编号：PZB2-7　　　　　　　　　　　　　　　　指标单位：万元/站

指标名称	非车载充电机　10×240kW
规模	安装规模：10 台 240kW 直流整车充电机（分体式 1 机 2 桩）；1 台 2000kVA 干式变压器，10kV 采用单母线接线，2 回进线，0.4kV 采用单母线接线，30 回出线；配套站级监控系统
	建筑规模：用地面积 3450m²，充电车位采用两列垂直式或单列垂直式布置，设置车挡装置，每个车位尺寸：长 13m、宽 3.5m。充电车位设置膜结构罩棚，采用玻纤 PVC 建筑膜材 300m²，整体框架应采用轻型钢结构，采用现浇钢筋混凝土基础。配电房室 227.84m²，框架结构，钢筋混凝土基础，外墙裙面砖，墙体加砌混凝土砌块，外墙面涂料，内墙乳胶漆。室外混凝土场地 199.95m²，砌体围墙 140m，室外钢筋混凝土电缆沟 72m

基价	建筑工程费	安装工程费	设备购置费	其他费用	基本预备费
633.36	192.53	83.84	292.91	45.63	18.45

主要设备及材料列表					
名称及规格型号		单位	数量	单价（元）	
主要设备	非车载充电机（直流整车充电机） 功率240kW	台	10	144000	
	监控系统	套	1	477312	
	电源系统	套	1	98310	
	通信系统	套	1	100000	
	变压器 2000kVA 硅钢片 干式	台	1	285450	
	10kV 高压环网柜 断路器柜	台	3	44296	
	低压成套开关柜 母线联络柜	台	1	36402	
	低压成套开关柜 进出线柜 630A	台	5	52093	
	低压成套开关柜 进出线柜 2500A	台	1	86200	
	配电箱	台	1	800	
主要材料	圆钢	kg	1860.96	4.67	
	镀锌钢材	kg	4297.11	5.71	
	混凝土	m³	804.2	341.68	

主要设备及材料列表				
名称及规格型号		单位	数量	单价（元）
主要材料	钢材	kg	57911.7	5.11
	电力电缆 VV22 0.6/1kV 3×240＋2×120	m	800	676.69
	张拉膜雨篷	m²	300	300

指标编号：PZB2-8

指标单位：万元/站

指标名称	非车载充电机 15×360kW				
规模	安装规模：15 台 360kW 直流整车充电堆（分体式 1 机 2 充），新建 2 台 1600kVA 干式变压器，新建 2 台 2000kVA 干式变压器，配套站级监控系统				
	建筑规模：10kV 配电站长 30.6m、宽 8m、高 4.2m，建筑面积 244.8m²；10kV 开关房长 8.6m、宽 5m、高 4m，建筑面积 43m²；雨篷 8 座，采用轻型钢结构，顶棚及三面围护采用轻型环保材料，单个尺寸：长 2.7m、宽 2m、高 2.4m；砖砌排水沟 194m；砖砌电缆沟 348m；电缆排管 130m；恢复硬化地面 1365m²；钢板桩支护 130 根，长 6m				
基价	建筑工程费	安装工程费	设备购置费	其他费用	基本预备费
1534.12	405.01	278.56	701.59	104.28	44.68
主要设备及材料列表					
名称及规格型号			单位	数量	单价（元）
主要设备	非车载充电机（直流整车充电机） 功率 360kW		台	15	216000
	监控系统		套	1	477312

主要设备及材料列表				
名称及规格型号		单位	数量	单价（元）
主要设备	通信系统	套	1	100000
	变压器　2000kVA　硅钢片　干式	台	2	285450
	变压器　1600kVA　硅钢片　干式	台	2	254300
	低压成套开关柜　固定式　2500A	台	11	46782
	高压成套开关柜　馈线开关柜　1250A	台	22	67009
	直流电源系统　110V　30A	套	2	59099
	配电箱	台	1	800
主要材料	圆钢	kg	68160.88	4.67
	镀锌钢材	kg	2093.48	5.71
	混凝土	m³	1336.54	341.68
	钢材	kg	148115.29	5.11
	电力电缆　VV22　0.6/1kV　3×240+2×120	m	2612	676.69
	电力电缆　VV22　0.6/1kV　3×70+2×35	m	939	195.46
	电力电缆　AC10kV，YJY，120，3，22	km	0.09	280550
	电力电缆　AC10kV，YJY，300，3，22	km	0.34	713070
	轻型环保材料雨篷	m²	104.64	210.45

指标名称	非车载充电机 8×480kW				
规模	安装规模：8台480kW直流整车充电堆8（分体式 1机8充），4座箱式变电站，配套站级监控系统				
	建筑规模：充电车位遮雨篷采用轻型钢结构800m²，顶棚采用轻型环保材料。混凝土场地972m²，室外砌体电缆沟长187m，新建电缆井15座，新建箱式变电站基础4座，新建充电堆基础8座				
基价	建筑工程费	安装工程费	设备购置费	其他费用	基本预备费
734.49	98.53	154.04	418.6	41.93	21.39
主要设备及材料列表					
	名称及规格型号		单位	数量	单价（元）
主要设备	非车载充电机（直流整车充电机） 功率480kW		台	8	288000
	箱式变电站 800kVA，欧式，有环网柜		座	4	221837
	监控系统		套	1	477312
	通信系统		套	1	100000
	低压成套开关柜 进出线柜 2500A		台	4	86200
	远动通信柜		台	1	60455
	配电箱		台	1	800
主要材料	圆钢		kg	14962.38	4.67
	镀锌钢材		kg	1283.33	5.71
	混凝土		m³	454.59	341.68

主要设备及材料列表				
名称及规格型号		单位	数量	单价（元）
主要材料	钢材	kg	6541.59	5.11
	电力电缆 VV22 0.6/1kV 3×240+2×120	m	1642.5	676.69
	电力电缆 AC10kV，YJY，120，3，22	km	0.22	280550
	交联聚乙烯架空绝缘电缆 单芯 JKLYJ-1kV-95	m	463	8.6
	轻型环保材料雨篷	m²	800	210.45

指标编号：PZB2-10

指标单位：万元/站

指标名称	非车载充电机 4×120kW＋4×600kW				
规模	安装规模：4台120kW直流整车充电机（一体式 1机2充），4台600kW直流整车充电机（分体式 1机5充），4座箱式变电站，配套站级监控系统				
	建筑规模：新建成品集装箱休息室、监控室2间，新建户外落地式充电桩24座，新建充电堆4座，新建箱式变电站4座，新建电缆沟151m，新建电缆井4座				
基价	建筑工程费	安装工程费	设备购置费	其他费用	基本预备费
578.53	117.87	74.6	334.59	34.61	16.85
主要设备及材料列表					
名称及规格型号		单位	数量	单价（元）	
主要设备	非车载充电机（直流整车充电机） 功率120kW	台	4	107300	

主要设备及材料列表			
名称及规格型号	单位	数量	单价（元）
主要设备	非车载充电机（直流整车充电机） 功率 600kW	台	4	360000
	箱式变电站　800kVA，欧式，有环网柜	座	4	221837
	监控系统	套	1	477312
	通信系统	套	1	100000
	配电箱	台	1	800
主要材料	圆钢	kg	18945.55	4.67
	镀锌钢材	kg	2528.38	5.71
	混凝土	m^3	414.16	341.68
	钢材	kg	23841.3	5.11
	电力电缆　VV22　0.6/1kV　3×240＋2×120	m	317	676.69
	电力电缆　VV22　0.6/1kV　3×70＋2×35	m	1405	195.46
	电力电缆　AC10kV，YJY，120，3，22	km	0.05	280550

57

2.2 换 电 站

指标编号：PZB2-11

指标单位：万元/座

指标名称	换电站侧向单工位（商用车）				
规模	安装规模：单工位，2 套侧向电池箱更换设备；1 台 1600kVA 干式变压器；10kV 采用单母线接线，1 回进线；0.4kV 采用单母分段接线，20 回出线；7 台 90kW 分箱充电机柜，7 台 120kW 分箱充电机柜；28 列 6 层充电架；126 台动力电池箱（不含车辆电池箱）；配套站级监控系统				
	建筑规模：用地面积 3000m²，建筑面积 640m²，建设内容包括站内建筑、围墙、道路、绿化、大门等工程。站内道路面积 1455m²，站区围墙东西方向长 48m，南北方向长 62m。建筑物主要包括换电综合建筑及相关辅助用房，外形尺寸为 26.5m×22m×8.2m（长×宽×高），建筑面积 583m²。换电车间外形尺寸 18m×22m（长×宽），主要柱距结合工艺要求采用 18m×6m（长×宽），层高 7m，梁底净高 6m。辅助用房外形尺寸为 22m×8.5m（长×宽），主要柱距结合配电室最小布置要求采用 6m×8.5m（长×宽），层高 4.3m，梁底净高 3.8m				
基价	建筑工程费	安装工程费	设备购置费	其他费用	基本预备费
1538.37	494.54	73.43	826.44	99.15	44.81
主要设备及材料列表					
	名称及规格型号		单位	数量	单价（元）
主要设备	充电机柜　90kW		台	7	54000
	充电机柜　120kW		台	7	72000
	全自动电池箱更换设备		套	2	1582000
	充电架　每组 2 列 6 层		组	14	75936
	电池箱		台	126	8723.6

主要设备及材料列表			
名称及规格型号	单位	数量	单价（元）
应急辅助系统	套	1	67800
监控系统	套	1	477312
电源系统	套	1	98310
网络交换机	套	2	6350
通信系统（含对侧）	套	1	226000
10kV 高压环网柜　断路器柜	台	4	44296
低压成套开关柜　进出线柜　630A	台	9	52093
变压器　1600kVA　硅钢片　干式	台	1	254300
低压成套开关柜　进出线柜　2500A	台	1	86200
低压封闭母线桥	三相米	5	3661
配电箱	台	1	800
圆钢	kg	61193.41	4.67
镀锌钢材	kg	4138.32	5.71
混凝土	m^3	5656.77	341.68
钢材	kg	38814.15	5.11

主要设备（行标题，跨应急辅助系统至配电箱各行）

主要材料（行标题，跨圆钢至钢材各行）

指标名称	换电站侧向四工位（商用车）				
规模	安装规模：四工位，8 套侧向电池箱更换设备；4 台 1250kVA 干式变压器；10kV 采用单母线接线 1 回进线；0.4kV 采用单母分段接线，60 回出线；28 台 90kW 分箱充电机柜，28 台 120kW 分箱充电机柜；112 列 6 层充电架；504 台动力电池箱；配套站级监控系统				
	建筑规模：用地面积 6665m²、建筑面积 2010m²，建设内容包括站内建筑、围墙、道路、绿化、大门等工程。站内道路面积 3520m²，站区围墙东西方向长 107.5m，南北方向长 62m。建筑物主要包括换电综合建筑及相关辅助用房，建筑物外形尺寸为 86m×22m×8.2m（长×宽×高）。换电车间布置 4 个换电车位，外形尺寸为 18m×22m（长×宽），主要柱距结合工艺要求采用 18m×6m（长×宽），层高 7m，梁底净高 6m。辅助用房外形尺寸为 22m×14m（长×宽），双框架，主要柱距采用 6m×8.5m（长×宽），层高 4.3m，梁底净高 3.8m				
基价	建筑工程费	安装工程费	设备购置费	其他费用	基本预备费
4922.85	1321.06	254.19	2928.64	275.57	143.38
主要设备及材料列表					
	名称及规格型号		单位	数量	单价（元）
主要设备	充电机柜　90kW		台	28	54000
	充电机柜　120kW		台	28	72000
	全自动电池箱更换设备		套	8	1582000
	充电架　每组 2 列 6 层		组	56	75936
	电池箱		台	504	8723.6
	应急辅助系统		套	2	67800
	监控系统		套	1	477312

主要设备及材料列表				
名称及规格型号		单位	数量	单价（元）
主要设备	通信系统	套	1	100000
	网络交换机	套	8	6350
	电源系统（四工位）	套	1	188484
	10kV 高压环网柜　断路器柜	台	7	44296
	低压成套开关柜　母线联络柜	台	2	36401.82
	低压成套开关柜　进出线柜　630A	台	28	52093
	低压成套开关柜　进出线柜　2500A	台	4	86200
	低压封闭母线桥	三相米	25	3661
	变压器　1250kVA　硅钢片　干式	台	4	155940
	配电箱	台	1	800
主要材料	圆钢	kg	167500.88	4.67
	镀锌钢材	kg	14878.27	5.71
	混凝土	m^3	14421.11	341.68
	钢材	kg	124328.29	5.11

指标名称	换电站 底盘换电（乘用车）				
规模	安装规模：单工位，1套底部式电池箱更换设备；1座400kVA箱式变电站；2台180kW分箱充电机柜；3列6层列充电架；12台动力电池箱；配套站级监控系统				
	建筑规模：用地面积300m²，换电综合建筑为钢筋混凝土框架结构，长16m、宽7.5m、高5.4m，建筑面积120m²，钢筋混凝土基础，坡屋面，加气混凝土砌体墙，外墙面砖，内墙乳胶漆，环氧砂浆地面，电缆沟长20m，设备基础				
基价	建筑工程费		安装工程费	设备购置费	其他费用	基本预备费
353.43	58.16		11.74	256.13	17.11	10.29
主要设备及材料列表					
名称及规格型号			单位	数量	单价（元）
主要设备	电源系统		套	1	98310
	箱体及附件		座	1	169500
	监控系统（底部）		套	1	149058
	箱式变电站 400kVA，欧式，有环网柜		座	1	188484
	充电系统（含充电机、充电架、电池箱）		套	1	488160
	电池更换系统（含矫正台、堆垛机、缓存架、控制柜）		套	1	981405
	车辆辅助系统		套	1	433920
	配电箱		台	1	800
主要材料	圆钢		kg	4613.89	4.67

主要设备及材料列表				
名称及规格型号		单位	数量	单价（元）
主要材料	镀锌钢材	kg	96.98	5.71
	混凝土	m^3	193.37	341.68
	钢材	kg	23742.49	5.11

第 **3** 章　架空线路工程

说　　明

1．内容范围

本章内容包括 0.4kV 架空绝缘电缆线路、10kV 钢芯铝绞线、10kV 架空绝缘电缆架设及杆上变配电装置的估算指标。

2．组成规则

（1）0.4kV 架空线路。

1）指标按导线截面设置，分为 70mm² 以内、120mm² 以内、120mm² 以上 3 个指标。

2）导线按架空绝缘电缆。

3）地形均按平地考虑。

4）线路架设形式：

a．导线截面 70mm² 以内指标，按接户线沿墙敷设考虑，两支持点间距 6m。

b．导线截面 120mm² 以内、120mm² 以上 2 个指标，按混凝土杆架空线路计列，其中 30% 与 10kV 线路共杆架设，70% 新立杆架设，混凝土杆 14 根，档距 50m，均未配置底盘、卡盘。混凝土杆配置见表 1。

5）耐张转角杆占比 30%，每杆配置拉线 2 根、单横担 2 根；直线杆配置单横担 1 根；杆头形式、拉线形式综合考虑。混凝土杆横担配置见表 1。

6）导线代表截面：截面 70mm² 以内指标，按 70mm² 导线考虑；截面 120mm² 以内指标，按 95mm²

导线考虑；截面 120mm² 以上指标，按 150mm² 导线考虑，损耗按 5% 计算。

表 1 　　　　　　　　　　　　0.4kV 架空线路杆型、档距、转角、横担配置表

导线截面（mm²）	档距（m）	耐张转角占比（%）	总杆数（基）	与 10kV 共杆		新立混凝土杆		横担	
				占比（%）	基数	占比（%）	基数	直线单横担	耐张转角横担
120 以内	50	30	20	30	6	70	14	14	6
120 以上									

（2）10kV 架空线路。

1）指标按 5km 综合测算每千米消耗量。

2）指标按导线截面、导线形式及工程地形设置 12 个指标。

a．指标按导线截面分为 120mm² 以内、240mm² 以内。

b．指标按导线形式分为钢芯铝绞线、架空绝缘电缆。

c．指标按地形分为平地、丘陵、山地。

3）线路为混凝土杆与钢管杆的混合线路。混凝土杆基础 50% 配置底盘，未配置卡盘；钢管杆基础配置台阶式现浇基础。杆型、档距、混凝土杆与钢管杆比重见表 2。

4）线路耐张转角比例为平地 35%、丘陵 30%、山地 25%，其中钢管杆均为耐张转角杆；混凝土杆横担布置：直线杆中三分之二为单横担，三分之一为双横担，转角耐张杆均为双横担；杆头形式、拉线形式综合考虑。拉线配置：0°～45° 配双拉线 2 组，单拉线 1 根，45°～90° 配双拉线 2 组。混凝土杆横

担配置见表 2。

5）导线代表截面：截面 120mm^2 以内指标，按 120mm^2 导线考虑；截面 240mm^2 以内指标，按 240mm^2 导线考虑。

6）架空线防雷接地配置，按直线混凝土杆每 3 基配置一组避雷器考虑，配置避雷器的混凝土杆考虑接地体安装、钢管杆全部考虑接地体安装。

表 2　　　　　10kV 架空线路杆型、档距、混凝土杆与钢管杆比重、混凝土杆横担配置表

导线截面（mm²）	地形	档距（m）	耐张转角占比（%）	总杆数（基）	钢管杆		混凝土杆					
					占比（%）	基数	占比（%）	基数	直线单横担占66.7%（基）	直线双横担占33.3%（基）	耐张转角横担及拉线（基/根）	
											0°~45°	45°~90°
120 以内	平地	60	35	84	15	13	85	71	37	18	8/5	8/4
	丘陵		30						39	20	6/5	6/4
	山地		25						42	21	4/5	4/4
240 以内	平地	50	35	101	20	20	80	81	44	22	7.5/5	7.5/4
	丘陵		30						47	24	5/5	5/4
	山地		25						51	25	2.5/5	2.5/4

（3）杆上变配电装置。

1）杆上配电变压器安装指标按油浸式变压器，容量 315kVA，并区分 10kV 引下线方式分为电力电

缆引下和架空绝缘电缆引下 2 个指标。

2）杆上配电装置指标分为断路器安装、跌落熔断器安装、电缆经隔离开关引下安装 3 个指标。

3）监控系统安装指标分为配变监控系统、馈线监控系统 2 个指标。

3．计算规则

（1）架空线路架设，0.4kV 线路区分导线截面，10kV 线路区分导线截面、导线类型、工程地形，以"万元/km"为计量单位。

（2）变压器安装，区分引下线方式，以"万元/台"为计量单位。

（3）断路器安装，以"万元/台"为计量单位。

（4）跌落式熔断器安装、电力电缆引下经隔离开关引下，以"万元/组"为计量单位。

（5）配变监控系统、馈线监控系统，以"万元/台"为计量单位。

4．使用说明

（1）使用指标时，选择相应指标基价乘以线路长度（或台、组）即为估算投资。

（2）架空绝缘电缆（GB/T 14049—2008《额定电压 10kV 架空绝缘电缆》、GB/T 12527—2008《额定电压 1kV 及以下架空绝缘电缆》）又称架空绝缘导线或绝缘导线，按材质分为铜芯、铝芯，按额定电压分为 10、1kV。

（3）当实际工程设备材料价格与指标方案存在差异时，可调整主要设备费及材料费。

（4）架空线路指标中未计列线路赔偿费，使用时按工程所在地赔偿标准计列。

（5）架空线路基础土石质，指标已综合考虑，使用时不作调整。

（6）每个指标均考虑工地运输、各种基础形式，使用时不进行调整。

（7）主要设备材料表中数量 10kV 线路指标是按 5km 综合测算的每千米消耗量，实际使用中混凝土电杆、底盘、卡盘、拉盘、绝缘子等材料量出现小数时按照整数计列。

（8）杆上断路器安装指标按两侧均配置隔离开关及避雷器考虑。

（9）杆上配电变压器指标已包含两根混凝土电杆的安装和材料费。

（10）配变监控系统、馈线监控系统指标都已包含安装材料，实际使用时，安装材料不同不作调整。

3.1 0.4kV 架空线路

指标编号：PZB3-1   指标单位：万元/km

指标名称	架空绝缘电缆 70mm² 以内		设备购置费	其他费用	基本预备费
基价	安装工程费		设备购置费	其他费用	基本预备费
8.90	7.25			1.39	0.26
主要设备及材料列表					
	名称及规格型号		单位	数量	单价（元）
主要材料	交联聚乙烯架空绝缘电缆 单芯 JKLYJ-1kV-70		m	4200	4.95
	蝶式绝缘子 ED-1		只	1120	8.12
	10kV 线路镀锌铁件 综合（含安装铁件及接地）		t	1.1	8546

指标编号：PZB3-2   指标单位：万元/km

指标名称	架空绝缘电缆 120mm² 以内		设备购置费	其他费用	基本预备费
基价	安装工程费		设备购置费	其他费用	基本预备费
16.41	13.46			2.47	0.48
主要设备及材料列表					
	名称及规格型号		单位	数量	单价（元）
主要材料	交联聚乙烯架空绝缘电缆 单芯 JKLYJ-1kV-95		m	4200	8.6

主要设备及材料列表				
名称及规格型号		单位	数量	单价（元）
主要材料	蝶式绝缘子　ED-2	只	80	6.74
	普通混凝土电杆　ϕ190-12-M	根	14	2638
	盘形悬式瓷绝缘子　U70B/146 255 320	片	48	47.78
	挂线金具	t	0.08	17000
	10kV 线路镀锌铁件　综合（含安装铁件及接地）	t	0.96	8546

指标编号：PZB3-3　　　　　　　　　　　　　　　　　　　　　　　指标单位：万元/km

指标名称	架空绝缘电缆　120mm^2　以上			
基价	安装工程费	设备购置费	其他费用	基本预备费
17.68	14.52		2.65	0.52
主要设备及材料列表				
名称及规格型号		单位	数量	单价（元）
主要材料	交联聚乙烯架空绝缘电缆　单芯　JKLYJ-1kV-150	m	4200	9.11
	蝶式绝缘子　ED-3	只	80	6.4
	普通混凝土电杆　ϕ190-12-M	根	14	2638
	盘形悬式瓷绝缘子　U70B/146 255 320	片	48	47.78
	挂线金具	t	0.16	17000
	10kV 线路镀锌铁件　综合（含安装铁件及接地）	t	1.05	8546

3.2 10kV 架空线路

指标编号：PZB3-4

指标单位：万元/km

指标名称	钢芯铝铰线 120mm² 以内 平地				
基价	安装工程费		设备购置费	其他费用	基本预备费
27.18	22.24		0.19	3.95	0.79
主要设备及材料列表					
	名称及规格型号		单位	数量	单价（元）
主要设备	间隙氧化锌避雷器		组	4	480
主要材料	横担铁件		t	0.6	8546
	普通混凝土电杆 φ190-12-M		根	11	2638
	拉盘 800×400×150		块	1.6	206
	混凝土		m³	4.53	580
	盘形悬式瓷绝缘子 U70B/146 255 320		片	69.6	47.78
	钢管杆 综合		t	6.2	8566
	普通混凝土电杆 φ190-15-M		根	3.2	3543
	钢芯铝绞线 JL/G1A-120/10		t	1.47	17500
	柱式绝缘子		支	51.8	23

主要设备及材料列表				
名称及规格型号		单位	数量	单价（元）
主要材料	底盘　1000×1000×200	块	7.1	576
	拉盘　1200×600×200	块	6.4	365
	挂线金具	t	0.42	17000
	防雷验电接地环　BYD-2	个	34.8	32.68

指标编号：PZB3-5

指标单位：万元/km

指标名称	钢芯铝铰线　120mm² 以内　丘陵				
基价	安装工程费		设备购置费	其他费用	基本预备费
27.37	22.40		0.19	3.98	0.80
主要设备及材料列表					
名称及规格型号		单位	数量	单价（元）	
主要设备	间隙氧化锌避雷器	组	4	480	
主要材料	横担铁件	t	0.56	8546	
	普通混凝土电杆　φ190-12-M	根	11.8	2638	
	拉盘　800×400×150	块	1.2	206	
	混凝土	m³	4.53	580	

主要设备及材料列表				
名称及规格型号		单位	数量	单价（元）
主要材料	盘形悬式瓷绝缘子 U70B/146 255 320	片	60	47.78
	钢管杆 综合	t	6.2	8566
	普通混凝土电杆 ϕ190-15-M	根	2.4	3543
	钢芯铝绞线 JL/G1A-120/10	t	1.47	17500
	柱式绝缘子	支	53.4	23
	底盘 1000×1000×200	块	7.1	576
	拉盘 1200×600×200	块	4.8	365
	挂线金具	t	0.33	17000
	防雷验电接地环 BYD-2	个	30	32.68

指标编号：PZB3-6

指标单位：万元/km

指标名称	钢芯铝绞线 120mm^2 以内 山地			
基价	安装工程费	设备购置费	其他费用	基本预备费
29.44	24.14	0.19	4.26	0.86

主要设备及材料列表				
名称及规格型号		单位	数量	单价（元）
主要设备	间隙氧化锌避雷器	组	4	480
主要材料	横担铁件	t	0.52	8546
	普通混凝土电杆　φ190-12-M	根	12.6	2638
	拉盘　800×400×150	块	0.8	206
	混凝土	m³	4.53	580
	盘形悬式瓷绝缘子　U70B/146 255 320	片	50.4	47.78
	钢管杆　综合	t	6.2	8566
	普通混凝土电杆　φ190-15-M	根	1.6	3543
	钢芯铝绞线　JL/G1A-120/10	t	1.47	17500
	柱式绝缘子	支	54.4	23
	底盘　1000×1000×200	块	7.1	576
	拉盘　1200×600×200	块	3.2	365
	挂线金具	t	0.23	17000
	防雷验电接地环　BYD-2	个	25.2	32.68

指标名称	钢芯铝铰线 240mm² 以内 平地				
基价	安装工程费		设备购置费	其他费用	基本预备费
37.19	30.62		0.19	5.29	1.08
主要设备及材料列表					
	名称及规格型号		单位	数量	单价（元）
主要设备	间隙氧化锌避雷器		组	4	480
主要材料	横担铁件		t	0.74	8546
	普通混凝土电杆　φ190-12-M		根	13.2	2638
	拉盘　800×400×150		块	1.5	206
	混凝土		m³	6.98	580
	盘形悬式瓷绝缘子　U70B/146 255 320		片	84	47.78
	钢管杆　综合		t	9.55	8566
	普通混凝土电杆　φ190-15-M		根	3	3543
	钢芯铝绞线　JL/G1A-120/10		t	2.91	17500
	柱式绝缘子		支	60.3	23
	底盘　1000×1000×200		块	8.1	576
	拉盘　1200×600×200		块	6	365
	挂线金具		t	0.48	17000
	防雷验电接地环　BYD-2		个	42	32.68

指标名称	钢芯铝铰线　240mm² 以内　丘陵				
基价	安装工程费		设备购置费	其他费用	基本预备费
37.50	30.84		0.24	5.33	1.09
主要设备及材料列表					
	名称及规格型号	单位	数量	单价（元）	
主要设备	间隙氧化锌避雷器	组	5	480	
主要材料	横担铁件	t	0.69	8546	
	普通混凝土电杆　φ190-12-M	根	14.2	2638	
	拉盘　800×400×150	块	1	206	
	混凝土	m³	6.98	580	
	盘形悬式瓷绝缘子　U70B/146 255 320	片	72	47.78	
	钢管杆　综合	t	9.55	8566	
	普通混凝土电杆　φ190-15-M	根	2	3543	
	钢芯铝绞线　JL/G1A-120/10	t	2.91	17500	
	柱式绝缘子	支	62	23	
	底盘　1000×1000×200	块	8.1	576	
	拉盘　1200×600×200	块	4	365	
	挂线金具	t	0.35	17000	
	防雷验电接地环　BYD-2	个	36	32.68	

指标名称	钢芯铝铰线 240mm² 以内 山地				
基价	安装工程费		设备购置费	其他费用	基本预备费
40.05	32.98		0.24	5.66	1.17
主要设备及材料列表					
	名称及规格型号		单位	数量	单价（元）
主要设备	间隙氧化锌避雷器		组	5	480
主要材料	横担铁件		t	0.65	8546
	普通混凝土电杆 ϕ190-12-M		根	15.2	2638
	拉盘 800×400×150		块	0.5	206
	混凝土		m³	6.98	580
	盘形悬式瓷绝缘子 U70B/146 255 320		片	60	47.78
	钢管杆 综合		t	9.55	8566
	普通混凝土电杆 ϕ190-15-M		根	1	3543
	钢芯铝绞线 JL/G1A-120/10		t	2.91	17500
	柱式绝缘子		支	63.1	23
	底盘 1000×1000×200		块	8.1	576
	拉盘 1200×600×200		块	2	365
	挂线金具		t	0.22	17000
	防雷验电接地环 BYD-2		个	30	32.68

指标名称	架空绝缘电缆 120mm² 以内 平地				
基价	安装工程费		设备购置费	其他费用	基本预备费
28.62	23.45		0.19	4.15	0.83
主要设备及材料列表					
	名称及规格型号	单位	数量	单价（元）	
主要设备	间隙氧化锌避雷器	组	4	480	
主要材料	横担铁件	t	0.6	8546	
	普通混凝土电杆 φ190-12-M	根	11	2638	
	拉盘 800×400×150	块	1.6	206	
	混凝土	m³	4.53	580	
	盘形悬式瓷绝缘子 U70B/146 255 320	片	69.6	47.78	
	钢管杆 综合	t	6.2	8566	
	普通混凝土电杆 φ190-15-M	根	3.2	3543	
	交联聚乙烯架空绝缘电缆 单芯 JKLYJ-10kV-120	m	3150	10.54	
	柱式绝缘子	支	51.8	23	
	底盘 1000×1000×200	块	7.1	576	
	拉盘 1200×600×200	块	6.4	365	
	挂线金具	t	0.42	17000	
	防雷验电接地环 BYD-2	个	34.8	32.68	

指标名称	架空绝缘电缆　120mm² 以内　丘陵				
基价	安装工程费		设备购置费	其他费用	基本预备费
28.87	23.65		0.19	4.18	0.84
主要设备及材料列表					
名称及规格型号			单位	数量	单价（元）
主要设备	间隙氧化锌避雷器		组	4	480
主要材料	横担铁件		t	0.56	8546
	普通混凝土电杆　φ190-12-M		根	11.8	2638
	拉盘　800×400×150		块	1.2	206
	混凝土		m³	4.53	580
	盘形悬式瓷绝缘子　U70B/146 255 320		片	60	47.78
	钢管杆　综合		t	6.2	8566
	普通混凝土电杆　φ190-15-M		根	2.4	3543
	交联聚乙烯架空绝缘电缆　单芯　JKLYJ-10kV-120		m	3150	10.54
	柱式绝缘子		支	53.4	23
	底盘　1000×1000×200		块	7.1	576
	拉盘　1200×600×200		块	4.8	365
	挂线金具		t	0.33	17000
	防雷验电接地环　BYD-2		个	30	32.68

指标编号：PZB3-12   指标单位：万元/km

指标名称	架空绝缘电缆　120mm² 以内　山地				
基价	安装工程费		设备购置费	其他费用	基本预备费
31.11	25.53		0.19	4.48	0.91
主要设备及材料列表					
	名称及规格型号	单位	数量	单价（元）	
主要设备	间隙氧化锌避雷器	组	4	480	
主要材料	横担铁件	t	0.52	8546	
	普通混凝土电杆　φ190-12-M	根	12.6	2638	
	拉盘　800×400×150	块	0.8	206	
	混凝土	m³	4.53	580	
	盘形悬式瓷绝缘子　U70B/146 255 320	片	50.4	47.78	
	钢管杆　综合	t	6.2	8566	
	普通混凝土电杆　φ190-15-M	根	1.6	3543	
	交联聚乙烯架空绝缘电缆　单芯　JKLYJ-10kV-120	m	3150	10.54	
	柱式绝缘子	支	54.4	23	
	底盘　1000×1000×200	块	7.1	576	
	拉盘　1200×600×200	块	3.2	365	
	挂线金具	t	0.23	17000	
	防雷验电接地环　BYD-2	个	25.2	32.68	

81

指标名称	架空绝缘电缆 240mm² 以内 平地				
基价	安装工程费		设备购置费	其他费用	基本预备费
38.83	32.00		0.19	5.50	1.13
主要设备及材料列表					
	名称及规格型号		单位	数量	单价（元）
主要设备	间隙氧化锌避雷器		组	4	480
主要材料	横担铁件		t	0.74	8546
	普通混凝土电杆 φ190-12-M		根	13.2	2638
	拉盘 800×400×150		块	1.5	206
	混凝土		m³	6.98	580
	盘形悬式瓷绝缘子 U70B/146 255 320		片	84	47.78
	钢管杆 综合		t	9.55	8566
	普通混凝土电杆 φ190-15-M		根	3	3543
	交联聚乙烯架空绝缘电缆 单芯 JKLYJ-10kV-240		m	3150	17.96
	柱式绝缘子		支	60.3	23
	底盘 1000×1000×200		块	8.1	576
	拉盘 1200×600×200		块	6	365
	挂线金具		t	0.48	17000
	防雷验电接地环 BYD-2		个	42	32.68

指标名称	架空绝缘电缆　240mm² 以内　丘陵				
基价	安装工程费			设备购置费	其他费用	基本预备费
39.26	32.32			0.24	5.56	1.14
	主要设备及材料列表				
	名称及规格型号		单位	数量	单价（元）
主要设备	间隙氧化锌避雷器		组	5	480
主要材料	横担铁件		t	0.69	8546
	普通混凝土电杆　φ190-12-M		根	14.2	2638
	拉盘　800×400×150		块	1	206
	混凝土		m³	6.98	580
	盘形悬式瓷绝缘子　U70B/146 255 320		片	72	47.78
	钢管杆　综合		t	9.55	8566
	普通混凝土电杆　φ190-15-M		根	2	3543
	交联聚乙烯架空绝缘电缆　单芯　JKLYJ-10kV-240		m	3150	17.96
	柱式绝缘子		支	62	23
	底盘　1000×1000×200		块	8.1	576
	拉盘　1200×600×200		块	4	365
	挂线金具		t	0.35	17000
	防雷验电接地环　BYD-2		个	36	32.68

指标名称	架空绝缘电缆　240mm² 以内　山地				
基价	安装工程费		设备购置费	其他费用	基本预备费
42.17	34.76		0.24	5.93	1.23
主要设备及材料列表					
名称及规格型号			单位	数量	单价（元）
主要设备	间隙氧化锌避雷器		组	5	480
主要材料	横担铁件		t	0.65	8546
	普通混凝土电杆　φ190-12-M		根	15.2	2638
	拉盘　800×400×150		块	0.5	206
	混凝土		m³	6.98	580
	盘形悬式瓷绝缘子　U70B/146 255 320		片	60	47.78
	钢管杆　综合		t	9.55	8566
	普通混凝土电杆　φ190-15-M		根	1	3543
	交联聚乙烯架空绝缘电缆　单芯　JKLYJ-10kV-240		m	3150	17.96
	杜式绝缘子		支	63.1	23
	底盘　1000×1000×200		块	8.1	576
	拉盘　1200×600×200		块	2	365
	挂线金具		t	0.22	17000
	防雷验电接地环　BYD-2		个	30	32.68

3.3 架空线路（杆上变配电装置）

指标单位：万元/台

指标名称	变压器安装 315kVA 架空绝缘电缆引下				
基价	安装工程费		设备购置费	其他费用	基本预备费
11.93	2.82		7.44	1.33	0.35
主要设备及材料列表					
	名称及规格型号	单位	数量	单价（元）	
主要设备	三相油浸变压器　315kVA/10	台	1	47121	
	综合配电箱　双回出线，不锈钢箱体	台	1	24634	
	高压跌落式熔断器　12kV　200A　户外式	组	1	441	
	绝缘保护罩　变压器出线绝缘保护罩	套	1	237.3	
	氧化锌避雷器	组	1	433.92	
	绝缘保护罩　避雷器用绝缘保护罩	套	1	101.7	
	绝缘保护罩　熔断器用绝缘保护罩	套	1	203.4	
	高压隔离开关　12kV　630A　户外型	组	1	1243	
主要材料	普通混凝土电杆　ϕ190-12-M	根	2	2638	
	线缆桥架	套	1	2743.59	

主要设备及材料列表				
名称及规格型号		单位	数量	单价（元）
主要材料	台架变金具	套	1	717.95
	台架变绝缘子	套	1	538.46
	台架变线缆	套	1	897.44
	标示牌	块	2	30
	10kV 线路镀锌铁件 综合（含安装铁件及接地）	t	0.65	8546

指标编号：PZB3-17　　　　　　　　　　　　　　　　　　　　　　　指标单位：万元/台

指标名称	变压器安装 315kVA 电力电缆引下			
基价	安装工程费	设备购置费	其他费用	基本预备费
12.35	3.16	7.44	1.39	0.36
主要设备及材料列表				
名称及规格型号		单位	数量	单价（元）
主要设备	三相油浸变压器 315kVA/10	台	1	47121
	综合配电箱 双回出线，不锈钢箱体	台	1	24634
	高压跌落式熔断器 12kV 200A 户外式	组	1	441
	绝缘保护罩 变压器出线绝缘保护罩	套	1	237.3

主要设备及材料列表				
名称及规格型号		单位	数量	单价（元）
主要设备	氧化锌避雷器	组	1	433.92
	绝缘保护罩 避雷器用绝缘保护罩	套	1	101.7
	绝缘保护罩 熔断器用绝缘保护罩	套	1	203.4
	高压隔离开关 12kV 630A 户外型	组	1	1243
主要材料	普通混凝土电杆 ϕ190-12-M	根	2	2638
	线缆桥架	套	1	2743.59
	台架变金具	套	1	717.95
	台架变绝缘子	套	1	538.46
	台架变线缆	套	1	897.44
	电力电缆 AC10kV，YJV，50，3	m	10	154
	20kV 及以下电缆终端 AC10kV，35mm^2，3 芯	套	2	280
	标示牌	块	2	30
	10kV 线路镀锌铁件 综合（含安装铁件及接地）	t	0.65	8546

指标单位：万元/台

指标名称	配变监控系统				
基价	安装工程费		设备购置费	其他费用	基本预备费
3.69	1.10		1.98	0.50	0.11
主要设备及材料列表					
	名称及规格型号		单位	数量	单价（元）
主要设备	配变终端（TTU）		台	1	7661
	超级电容直流装置		套	1	6508.8
	光网络单元		套	1	5650
主要材料	配变终端（TTU）安装配套主材		套	1	6780

指标单位：万元/台

指标名称	断路器安装				
基价	安装工程费		设备购置费	其他费用	基本预备费
5.48	1.31		3.35	0.67	0.16
主要设备及材料列表					
	名称及规格型号		单位	数量	单价（元）
主要设备	氧化锌避雷器		组	2	433.92
	绝缘保护罩　避雷器用绝缘保护罩		套	2	101.7

主要设备及材料列表				
名称及规格型号		单位	数量	单价（元）
主要设备	10kV 真空柱上断路器自动化成套设备	台	1	29719
	绝缘保护罩　杆上开关用绝缘保护罩	套	1	203.4
	高压隔离开关　12kV　630A　户外型	组	2	1243
主要材料	交联聚乙烯架空绝缘电缆　单芯　JKLYJ-10kV-120	m	50	10.54
	标示牌	块	2	30
	10kV 线路镀锌铁件　综合（含安装铁件及接地）	t	0.55	8546
	防雷验电接地环　BYD-2	个	6	32.68

指标编号：PZB3-20 　　　　　　　　　　　　　　　　　　　　　　　指标单位：万元/组

指标名称	跌落式熔断器安装			
基价	安装工程费	设备购置费	其他费用	基本预备费
0.45	0.13	0.06	0.24	0.01
主要设备及材料列表				
名称及规格型号		单位	数量	单价（元）
主要设备	高压跌落式熔断器　12kV　200A　户外式	组	1	441
	绝缘保护罩　熔断器用绝缘保护罩	套	1	203.4

主要设备及材料列表				
名称及规格型号		单位	数量	单价（元）
主要材料	交联聚乙烯架空绝缘电缆 单芯 JKLYJ-10kV-120	m	24	10.54
	标示牌	块	1	30
	10kV 线路镀锌铁件 综合（含安装铁件及接地）	t	0.05	8546
	防雷验电接地环 BYD-2	个	6	32.68

指标编号：PZB3-21

指标单位：万元/组

指标名称	电力电缆引下 经隔离开关引下			
基价	安装工程费	设备购置费	其他费用	基本预备费
0.85	0.24	0.34	0.25	0.02
主要设备及材料列表				
名称及规格型号		单位	数量	单价（元）
主要设备	氧化锌避雷器	组	2	433.92
	高压隔离开关 12kV 630A 户外型	组	2	1243
主要材料	10kV 瓷绝缘支柱绝缘子	柱	6	53.1
	交联聚乙烯架空绝缘电缆 单芯 JKLYJ-10kV-120	m	50	10.54
	标示牌	块	1	30

主要设备及材料列表				
名称及规格型号		单位	数量	单价（元）
主要材料	10kV 线路镀锌铁件　综合（含安装铁件及接地）	t	0.05	8546
	防雷验电接地环　BYD-2	个	3	32.68

指标编号：PZB3-22　　　　　　　　　　　　　　　　　　　　　　指标单位：万元/台

指标名称	馈线监控系统			
基价	安装工程费	设备购置费	其他费用	基本预备费
2.65	0.85	1.33	0.39	0.08
主要设备及材料列表				
名称及规格型号		单位	数量	单价（元）
主要设备	光网络单元	套	1	5650
	馈线终端（FTU）	台	1	7695
主要材料	馈线终端（FTU）安装配套主材	套	1	6810

第 **4** 章　电缆线路工程

说　明

1．内容范围

本章内容包括电缆沟、排管工程，1kV 陆上电缆线路，10kV 陆上电缆线路，电缆分支箱，10kV 海底电缆登陆，10kV 海底电缆抛设，10kV 海底电缆冲埋，10kV 海底电缆终端及附属的估算指标。

2．组成规则

（1）电缆沟包括砖砌（单侧和双侧支架）和现浇混凝土（单侧和双侧支架）两种方式；直埋电缆保护管按玻璃钢管方式；电缆排管按 6 孔、18 孔两种方式；非开挖水平导向钻进按单孔 $\phi150$、单孔 $\phi200$ 两种方式。

（2）陆上电缆敷设方式包括 1kV 电缆和 10kV 电缆直埋、电缆沟、排管 3 种常用敷设型式，1kV 电缆线路指标截面按 70mm^2 以内、120mm^2 以内、120mm^2 以上 3 种截面计列，10kV 电缆线路指标电缆截面按 120mm^2 以内、240mm^2 以内、300mm^2 以内、400mm^2 以内 4 种截面计列。

（3）1kV 电缆和 10kV 电缆直埋包括 1 回及 2 回电缆两种方式敷设，1kV 电缆截面包括 70mm^2 以内、120mm^2 以内、120mm^2 以上电缆敷设方式，10kV 电缆截面包括 120mm^2 以内、240mm^2 以内、300mm^2 以内、400mm^2 以内电缆敷设方式。

（4）1kV 电缆沟敷设包括以下 8 种方式：电缆敷设 1～6 回与电缆沟同时建设 6 种方式，电缆独立 1 回敷设方式，单独电缆沟建设方式；10kV 电缆沟敷设包括以下 8 种方式：电缆敷设 1～6 回与电缆沟同时建设 6 种方式，电缆独立 1 回敷设方式，单独电缆沟建设方式。

（5）1kV 电缆和 10kV 电缆排管敷设包括以下 8 种方式：电缆敷设 1～6 回与排管同时建设 6 种方式，电缆独立 1 回敷设方式，单独排管建设方式。

（6）10kV 海底电缆线路包括以下 6 种方式：海底电缆登陆单根外径 90mm 以内、海底电缆登陆单根外径 135mm 以内、海底电缆抛设单根外径 90mm 以内、海底电缆抛设单根外径 135mm 以内、海底电缆冲埋单根外径 90mm 以内且埋深 3.5m 以内、海底电缆冲埋单根外径 135mm 以内且埋深 3.5m 以内。

（7）10kV 海底电缆线路指标运输距离按 500km 设置，海缆长度按 8km 考虑。

（8）10kV 海底电缆登陆综合考虑船舶运输、电缆登陆、电缆试验，电缆截面按单根外径 90mm 以内和单根外径 135mm 以内设置。

（9）10kV 海底电缆抛设综合考虑船舶运输、抛设、电缆试验，电缆截面按单根外径 90mm 以内和单根外径 135mm 以内设置。

（10）10kV 海底电缆冲埋综合考虑船舶运输、冲埋、电缆试验，电缆截面按单根外径 90mm 以内且埋深 3.5m 以内和单根外径 135mm 以内且埋深 3.5m 以内设置。

（11）10kV 海底电缆终端及附属包括海底电缆直接接地箱、海底电缆终端、海底电缆锚固装置工作内容。

3．计算规则

（1）电缆沟、排管建设以"万元/km"为计量单位。

（2）1kV 和 10kV 陆上电力电缆敷设以"万元/km"为计量单位。

（3）电缆分支箱安装以"万元/台"为计量单位。

（4）10kV 海底电缆线路敷设以"万元/km"为计量单位。

（5）10kV 海底电缆直接接地箱安装以"万元/套"为计量单位。

4．使用说明

（1）使用中直接选择指标子目基价乘以电缆或管沟长度即为估算投资。

（2）电缆线路土建指标已经综合考虑了破除各种路面，实际不同时定额不做调整。

（3）当实际工程设备材料价格与指标方案存在差异时，可调整主要设备费及材料费。

（4）陆上电缆线路指标中未计列线路赔偿费，实际使用按照各地区赔偿标准计列。

4.1 陆上电缆线路部分

4.1.1 电缆沟、排管工程

指标编号：PZB4-1

指标单位：万元/km

指标名称	砖砌　电缆沟道　单侧支架				
基价	建筑工程费	安装工程费	设备购置费	其他费用	基本预备费
342.77	264.15			68.63	9.98
主要设备及材料列表					
名称及规格型号			单位	数量	单价（元）
主要材料	圆钢		kg	13507.31	4.67
	混凝土		m³	655.88	341.68
	钢材		kg	22479.71	5.11

指标编号：PZB4-2

指标单位：万元/km

指标名称	砖砌　电缆沟道　双侧支架				
基价	建筑工程费	安装工程费	设备购置费	其他费用	基本预备费
430.9	332.95			85.4	12.55
主要设备及材料列表					
名称及规格型号			单位	数量	单价（元）
主要材料	圆钢		kg	13507.31	4.67

主要设备及材料列表				
名称及规格型号		单位	数量	单价（元）
主要材料	混凝土	m³	799.13	341.68
	钢材	kg	36303.37	5.11

指标编号：PZB4-3 指标单位：万元/km

指标名称	现浇混凝土　开启式电缆沟道　单侧支架				
基价	建筑工程费	安装工程费	设备购置费	其他费用	基本预备费
566.4	437.86			112.05	16.5

主要设备及材料列表				
名称及规格型号		单位	数量	单价（元）
主要材料	圆钢	kg	194183.78	4.67
	混凝土	m³	1696.01	341.68
	钢材	kg	24419.66	5.11

指标编号：PZB4-4 指标单位：万元/km

指标名称	现浇混凝土　开启式电缆沟道　双侧支架				
基价	建筑工程费	安装工程费	设备购置费	其他费用	基本预备费
683.46	528.61			134.95	19.91

97

主要设备及材料列表				
名称及规格型号		单位	数量	单价（元）
主要材料	圆钢	kg	203660.36	4.67
	混凝土	m³	1950.62	341.68
	钢材	kg	43100.86	5.11

指标编号：PZB4-5

指标单位：万元/km

指标名称	直埋电缆保护管				
基价	建筑工程费	安装工程费	设备购置费	其他费用	基本预备费
28.74	21			6.9	0.84
主要设备及材料列表					
名称及规格型号		单位	数量	单价（元）	
主要材料	玻璃钢管 φ200×8	m	1000	74.79	

指标编号：PZB4-6

指标单位：万元/km

指标名称	排管 6孔				
基价	建筑工程费	安装工程费	设备购置费	其他费用	基本预备费
159.79	119.15			35.99	4.65

主要设备及材料列表				
名称及规格型号		单位	数量	单价（元）
主要材料	圆钢	kg	6008.23	4.67
	混凝土	m³	415.18	341.68
	电缆保护管　CPVC，φ200	m	1038	113.18
	电缆保护管　C-PVC φ100	m	2000	16.54

指标编号：PZB4-7 指标单位：万元/km

指标名称	排管 18 孔				
基价	建筑工程费	安装工程费	设备购置费	其他费用	基本预备费
474.53	358.63			102.08	13.82
主要设备及材料列表					
名称及规格型号			单位	数量	单价（元）
主要材料	圆钢		kg	7077.07	4.67
	混凝土		m³	1017.13	341.68
	电缆保护管　CPVC，φ200		m	5286	113.18
	电缆保护管　C-PVC φ100		m	2000	16.54

99

指标编号：PZB4-8   指标单位：万元/km

指标名称	非开挖水平导向钻进　单孔　$\phi150$				
基价	建筑工程费	安装工程费	设备购置费	其他费用	基本预备费
227.22	170.11			50.49	6.62
主要设备及材料列表					
主要材料	名称及规格型号		单位	数量	单价（元）
	圆钢		kg	97377.25	4.67
	混凝土		m³	436.65	341.68
	钢材		kg	5595.36	5.11
	电缆保护管　MPP，$\phi150$		m	929	81

指标编号：PZB4-9   指标单位：万元/km

指标名称	非开挖水平导向钻进　单孔　$\phi200$				
基价	建筑工程费	安装工程费	设备购置费	其他费用	基本预备费
248.1	185.98			54.9	7.23
主要设备及材料列表					
主要材料	名称及规格型号		单位	数量	单价（元）
	圆钢		kg	97377.25	4.67
	混凝土		m³	436.65	341.68
	钢材		kg	5595.36	5.11
	电缆保护管　MPP，$\phi200$		m	929	206.34

4.1.2 1kV 陆上电缆线路

4.1.2.1 1kV 陆上电缆直埋敷设

指标编号：PZB4-10

指标单位：万元/km

指标名称	1kV　1回　电缆截面 70mm^2 以内直埋				
基价	建筑工程费	安装工程费	设备购置费	其他费用	基本预备费
22.12		4.89	13.89	2.69	0.64
主要设备及材料列表					
	名称及规格型号		单位	数量	单价（元）
主要设备	电力电缆　YJV22　0.6/1kV　4×70		m	1010	134.74

指标编号：PZB4-11

指标单位：万元/km

指标名称	1kV　2回　电缆截面 70mm^2 以内直埋				
基价	建筑工程费	安装工程费	设备购置费	其他费用	基本预备费
43.95		9.78	27.79	5.11	1.28
主要设备及材料列表					
	名称及规格型号		单位	数量	单价（元）
主要设备	电力电缆　YJV22　0.6/1kV　4×70		m	2020	134.74

指标编号：PZB4-12

指标名称	1kV 1回 电缆截面 120mm² 以内直埋				
基价	建筑工程费	安装工程费	设备购置费	其他费用	基本预备费
34.13		6.01	23.35	3.77	0.99
主要设备及材料列表					
名称及规格型号			单位	数量	单价（元）
主要设备	电力电缆 YJV22 0.6/1kV 4×120		m	1010	226.45

指标编号：PZB4-13

指标名称	1kV 2回 电缆截面 120mm² 以内直埋				
基价	建筑工程费	安装工程费	设备购置费	其他费用	基本预备费
67.63		12.02	46.7	6.94	1.97
主要设备及材料列表					
名称及规格型号			单位	数量	单价（元）
主要设备	电力电缆 YJV22 0.6/1kV 4×120		m	2020	226.45

指标编号：PZB4-14

指标名称	1kV 1回 电缆截面 120mm² 以上直埋				
基价	建筑工程费	安装工程费	设备购置费	其他费用	基本预备费
61.26		7.53	46.19	5.76	1.78

主要设备及材料列表				
名称及规格型号		单位	数量	单价（元）
主要设备	电力电缆　YJV22　0.6/1kV　4×240	m	1010	448

指标编号：PZB4-15   指标单位：万元/km

指标名称	1kV　2回　电缆截面120mm² 以上直埋			
基价	建筑工程费	安装工程费	设备购置费	其他费用	基本预备费
121.13		15.06	92.39	10.15	3.53
主要设备及材料列表					
名称及规格型号		单位	数量	单价（元）	
主要设备	电力电缆　YJV22　0.6/1kV　4×240	m	2020	448	

4.1.2.2　1kV陆上电缆直埋套保护管敷设

指标编号：PZB4-16   指标单位：万元/km

指标名称	1kV　1回　电缆截面70mm² 以内　直埋套保护管敷设			
基价	建筑工程费	安装工程费	设备购置费	其他费用	基本预备费
56.64	25.55	4.89	13.89	10.66	1.65
主要设备及材料列表					
名称及规格型号		单位	数量	单价（元）	
主要设备	电力电缆　YJV22　0.6/1kV　4×70	m	1010	134.74	

指标编号：PZB4-17   指标单位：万元/km

指标名称	1kV 1回 电缆截面 120mm² 以内 直埋套保护管敷设				
基价	建筑工程费	安装工程费	设备购置费	其他费用	基本预备费
68.47	25.55	6.01	23.35	11.57	1.99
主要设备及材料列表					
名称及规格型号			单位	数量	单价（元）
主要设备	电力电缆 YJV22 0.6/1kV 4×120		m	1010	226.45

指标编号：PZB4-18   指标单位：万元/km

指标名称	1kV 1回 电缆截面 120mm² 以上 直埋套保护管敷设				
基价	建筑工程费	安装工程费	设备购置费	其他费用	基本预备费
111.58	25.55	20.23	46.19	16.36	3.25
主要设备及材料列表					
名称及规格型号			单位	数量	单价（元）
主要设备	电力电缆 YJV22 0.6/1kV 4×240		m	1010	448

4.1.2.3 1kV陆上电缆其他敷设

指标编号：PZB4-19

指标名称	1kV 电缆截面 70mm² 以内　排管或沟隧道内敷设　不含电缆土建				
基价	建筑工程费	安装工程费	设备购置费	其他费用	基本预备费
17.38		1.29	13.89	1.69	0.51
主要设备及材料列表					
名称及规格型号			单位	数量	单价（元）
主要设备	电力电缆　YJV22　0.6/1kV　4×70		m	1010	134.74

指标编号：PZB4-20

指标单位：万元/km

指标名称	1kV　1回　电缆截面 70mm² 以内　排管内敷设　同时建设 4 孔排管				
基价	建筑工程费	安装工程费	设备购置费	其他费用	基本预备费
315.05	224.45	1.29	13.89	66.23	9.18
主要设备及材料列表					
名称及规格型号			单位	数量	单价（元）
主要设备	电力电缆　YJV22　0.6/1kV　4×70		m	1010	134.74
主要材料	圆钢		kg	102706.14	4.67
	混凝土		m³	804.08	341.68

指标编号：PZB4-21

指标单位：万元/km

指标名称	1kV 2回 电缆截面70mm² 以内 排管内敷设 同时建设4孔排管				
基价	建筑工程费	安装工程费	设备购置费	其他费用	基本预备费
331.44	224.45	2.58	27.79	66.97	9.65
主要设备及材料列表					
名称及规格型号			单位	数量	单价（元）
主要设备	电力电缆 YJV22 0.6/1kV 4×70		m	2020	134.74
主要材料	圆钢		kg	102717.74	4.67
	混凝土		m³	804.08	341.68

指标编号：PZB4-22

指标单位：万元/km

指标名称	1kV 1回 电缆截面70mm² 以内 排管内敷设 同时建设18孔排管				
基价	建筑工程费	安装工程费	设备购置费	其他费用	基本预备费
532.62	390.02	1.29	13.89	111.9	15.51
主要设备及材料列表					
名称及规格型号			单位	数量	单价（元）
主要设备	电力电缆 YJV22 0.6/1kV 4×70		m	1010	134.74
主要材料	圆钢		kg	103652.06	4.67
	混凝土		m³	1336.81	341.68

指标编号：PZB4-23   指标单位：万元/km

指标名称	1kV 2回 电缆截面 70mm² 以内 排管内敷设 同时建设 18 孔排管				
基价	建筑工程费	安装工程费	设备购置费	其他费用	基本预备费
549.22	390.02	2.58	27.79	112.84	16
	主要设备及材料列表				
	名称及规格型号		单位	数量	单价（元）
主要设备	电力电缆 YJV22 0.6/1kV 4×70		m	2020	134.74
主要材料	圆钢		kg	103663.66	4.67
	混凝土		m³	1336.81	341.68

指标编号：PZB4-24   指标单位：万元/km

指标名称	1kV 3回 电缆截面 70mm² 以内 排管内敷设 同时建设 18 孔排管				
基价	建筑工程费	安装工程费	设备购置费	其他费用	基本预备费
565.83	390.02	3.88	41.68	113.77	16.48
	主要设备及材料列表				
	名称及规格型号		单位	数量	单价（元）
主要设备	电力电缆 YJV22 0.6/1kV 4×70		m	3030	134.74
主要材料	圆钢		kg	103675.26	4.67
	混凝土		m³	1336.81	341.68

指标编号：PZB4-25 指标单位：万元/km

指标名称	1kV 4回 电缆截面70mm² 以内 排管内敷设 同时建设18孔排管				
基价	建筑工程费	安装工程费	设备购置费	其他费用	基本预备费
582.42	390.02	5.17	55.57	114.7	16.96
主要设备及材料列表					
名称及规格型号			单位	数量	单价（元）
主要设备	电力电缆 YJV22 0.6/1kV 4×70		m	4040	134.74
主要材料	圆钢		kg	103686.86	4.67
	混凝土		m³	1336.81	341.68

指标编号：PZB4-26 指标单位：万元/km

指标名称	1kV 5回 电缆截面70mm² 以内 排管内敷设 同时建设18孔排管				
基价	建筑工程费	安装工程费	设备购置费	其他费用	基本预备费
599.08	390.02	6.46	69.47	115.68	17.45
主要设备及材料列表					
名称及规格型号			单位	数量	单价（元）
主要设备	电力电缆 YJV22 0.6/1kV 4×70		m	5050	134.74
主要材料	圆钢		kg	103698.46	4.67
	混凝土		m³	1336.81	341.68

指标名称	1kV 6回 电缆截面 70mm² 以内 排管内敷设 同时建设 18 孔排管				
基价	建筑工程费	安装工程费	设备购置费	其他费用	基本预备费
615.67	390.02	7.75	83.36	116.61	17.93
主要设备及材料列表					
名称及规格型号			单位	数量	单价（元）
主要设备	电力电缆 YJV22 0.6/1kV 4×70		m	6060	134.74
主要材料	圆钢		kg	103710.06	4.67
	混凝土		m³	1336.81	341.68

指标名称	1kV 1回 电缆截面 70mm² 以内 电缆沟内敷设 同时建设 砖砌 电缆沟道 单侧支架				
基价	建筑工程费	安装工程费	设备购置费	其他费用	基本预备费
359.1	264.15	1.29	13.89	69.3	10.46
主要设备及材料列表					
名称及规格型号			单位	数量	单价（元）
主要设备	电力电缆 YJV22 0.6/1kV 4×70		m	1010	134.74
主要材料	圆钢		kg	13518.91	4.67
	混凝土		m³	655.88	341.68
	钢材		kg	22479.71	5.11

指标编号：PZB4-29 指标单位：万元/km

指标名称	1kV　2回　电缆截面 70mm² 以内　电缆沟内敷设　同时建设　砖砌　电缆沟道　单侧支架				
基价	建筑工程费	安装工程费	设备购置费	其他费用	基本预备费
375.35	264.15	2.58	27.79	69.89	10.93
主要设备及材料列表					
	名称及规格型号		单位	数量	单价（元）
主要设备	电力电缆　YJV22　0.6/1kV　4×70		m	2020	134.74
主要材料	圆钢		kg	13530.51	4.67
	混凝土		m³	655.88	341.68
	钢材		kg	22479.71	5.11

指标编号：PZB4-30 指标单位：万元/km

指标名称	1kV　3回　电缆截面 70mm² 以内　电缆沟内敷设　同时建设　砖砌　电缆沟道　单侧支架				
基价	建筑工程费	安装工程费	设备购置费	其他费用	基本预备费
391.83	264.15	3.88	41.68	70.71	11.41
主要设备及材料列表					
	名称及规格型号		单位	数量	单价（元）
主要设备	电力电缆　YJV22　0.6/1kV　4×70		m	3030	134.74
主要材料	圆钢		kg	13542.11	4.67

主要设备及材料列表				
名称及规格型号		单位	数量	单价（元）
主要材料	混凝土	m³	655.88	341.68
	钢材	kg	22479.71	5.11

指标编号：PZB4-31   指标单位：万元/km

指标名称	1kV　1回　电缆截面 70mm² 以内　电缆沟内敷设　同时建设　砖砌　电缆沟道　双侧支架				
基价	建筑工程费	安装工程费	设备购置费	其他费用	基本预备费
447.53	332.95	1.29	13.89	86.36	13.03

主要设备及材料列表				
名称及规格型号		单位	数量	单价（元）
主要设备	电力电缆　YJV22　0.6/1kV　4×70	m	1010	134.74
主要材料	圆钢	kg	13518.91	4.67
	混凝土	m³	799.13	341.68
	钢材	kg	36303.37	5.11

指标编号：PZB4-32   指标单位：万元/km

指标名称	1kV　2回　电缆截面 70mm² 以内　电缆沟内敷设　同时建设　砖砌　电缆沟道　双侧支架				
基价	建筑工程费	安装工程费	设备购置费	其他费用	基本预备费
464.11	332.95	2.58	27.79	87.27	13.52
主要设备及材料列表					
	名称及规格型号		单位	数量	单价（元）
主要设备	电力电缆　YJV22　0.6/1kV　4×70		m	2020	134.74
主要材料	圆钢		kg	13530.51	4.67
	混凝土		m³	799.13	341.68
	钢材		kg	36303.37	5.11

指标编号：PZB4-33   指标单位：万元/km

指标名称	1kV　3回　电缆截面 70mm² 以内　电缆沟内敷设　同时建设　砖砌　电缆沟道　双侧支架				
基价	建筑工程费	安装工程费	设备购置费	其他费用	基本预备费
480.69	332.95	3.88	41.68	88.18	14
主要设备及材料列表					
	名称及规格型号		单位	数量	单价（元）
主要设备	电力电缆　YJV22　0.6/1kV　4×70		m	3030	134.74
主要材料	圆钢		kg	13542.11	4.67

主要设备及材料列表				
	名称及规格型号	单位	数量	单价（元）
主要材料	混凝土	m³	799.13	341.68
	钢材	kg	36303.37	5.11

指标编号：PZB4-34

指标单位：万元/km

指标名称	1kV　4回　电缆截面70mm²以内　电缆沟内敷设　同时建设　砖砌　电缆沟道　双侧支架				
基价	建筑工程费	安装工程费	设备购置费	其他费用	基本预备费
497.26	332.95	5.17	55.57	89.09	14.48
主要设备及材料列表					
	名称及规格型号	单位	数量	单价（元）	
主要设备	电力电缆　YJV22　0.6/1kV　4×70	m	4040	134.74	
主要材料	圆钢	kg	13553.71	4.67	
	混凝土	m³	799.13	341.68	
	钢材	kg	36303.37	5.11	

指标编号：PZB4-35   指标单位：万元/km

指标名称	1kV　5回　电缆截面 70mm² 以内　电缆沟内敷设　同时建设　砖砌　电缆沟道　双侧支架				
基价	建筑工程费	安装工程费	设备购置费	其他费用	基本预备费
513.83	332.95	6.46	69.47	89.99	14.97
主要设备及材料列表					
名称及规格型号			单位	数量	单价（元）
主要设备	电力电缆　YJV22　0.6/1kV　4×70		m	5050	134.74
主要材料	圆钢		kg	13565.31	4.67
	混凝土		m³	799.13	341.68
	钢材		kg	36303.37	5.11

指标编号：PZB4-36   指标单位：万元/km

指标名称	1kV　6回　电缆截面 70mm² 以内　电缆沟内敷设　同时建设　砖砌　电缆沟道　双侧支架				
基价	建筑工程费	安装工程费	设备购置费	其他费用	基本预备费
530.45	332.95	7.75	83.36	90.94	15.45
主要设备及材料列表					
名称及规格型号			单位	数量	单价（元）
主要设备	电力电缆　YJV22　0.6/1kV　4×70		m	6060	134.74
主要材料	圆钢		kg	13576.91	4.67

<table>
<tr><td colspan="5">主要设备及材料列表</td></tr>
<tr><td colspan="2">名称及规格型号</td><td>单位</td><td>数量</td><td>单价（元）</td></tr>
<tr><td rowspan="2">主要材料</td><td>混凝土</td><td>m³</td><td>799.13</td><td>341.68</td></tr>
<tr><td>钢材</td><td>kg</td><td>36303.37</td><td>5.11</td></tr>
</table>

指标编号：PZB4-37　　　　　　　　　　　　　　　　　　　　　　　　　　　　　指标单位：万元/km

<table>
<tr><td>指标名称</td><td colspan="4">1kV　1回　电缆截面 70mm² 以内　电缆沟内敷设　同时建设　现浇混凝土　开启式电缆沟道　单侧支架</td></tr>
<tr><td>基价</td><td>建筑工程费</td><td>安装工程费</td><td>设备购置费</td><td>其他费用</td><td>基本预备费</td></tr>
<tr><td>582.96</td><td>437.86</td><td>1.29</td><td>13.89</td><td>112.94</td><td>16.98</td></tr>
<tr><td colspan="6">主要设备及材料列表</td></tr>
<tr><td colspan="3">名称及规格型号</td><td>单位</td><td>数量</td><td>单价（元）</td></tr>
<tr><td>主要设备</td><td colspan="2">电力电缆　YJV22　0.6/1kV　4×70</td><td>m</td><td>1010</td><td>134.74</td></tr>
<tr><td rowspan="3">主要材料</td><td colspan="2">圆钢</td><td>kg</td><td>194195.38</td><td>4.67</td></tr>
<tr><td colspan="2">混凝土</td><td>m³</td><td>1696.01</td><td>341.68</td></tr>
<tr><td colspan="2">钢材</td><td>kg</td><td>24419.66</td><td>5.11</td></tr>
</table>

指标编号：PZB4-38 指标单位：万元/km

指标名称	1kV　2回　电缆截面70mm²以内　电缆沟内敷设　同时建设　现浇混凝土　开启式电缆沟道　单侧支架				
基价	建筑工程费	安装工程费	设备购置费	其他费用	基本预备费
599.52	437.86	2.58	27.79	113.83	17.46
主要设备及材料列表					
名称及规格型号			单位	数量	单价（元）
主要设备	电力电缆　YJV22　0.6/1kV　4×70		m	2020	134.74
主要材料	圆钢		kg	194206.98	4.67
	混凝土		m³	1696.01	341.68
	钢材		kg	24419.66	5.11

指标编号：PZB4-39 指标单位：万元/km

指标名称	1kV　3回　电缆截面70mm²以内　电缆沟内敷设　同时建设　现浇混凝土　开启式电缆沟道　单侧支架				
基价	建筑工程费	安装工程费	设备购置费	其他费用	基本预备费
616.13	437.86	3.88	41.68	114.77	17.95
主要设备及材料列表					
名称及规格型号			单位	数量	单价（元）
主要设备	电力电缆　YJV22　0.6/1kV　4×70		m	3030	134.74
主要材料	圆钢		kg	194218.58	4.67

主要设备及材料列表				
名称及规格型号		单位	数量	单价（元）
主要材料	混凝土	m³	1696.01	341.68
	钢材	kg	24419.66	5.11

指标编号：PZB4-40

指标单位：万元/km

指标名称	1kV 1回 电缆截面 70mm² 以内 电缆沟内敷设 同时建设现浇混凝土 开启式电缆沟道 双侧支架				
基价	建筑工程费	安装工程费	设备购置费	其他费用	基本预备费
700.07	528.61	1.29	13.89	135.88	20.39
主要设备及材料列表					
名称及规格型号		单位	数量	单价（元）	
主要设备	电力电缆 YJV22 0.6/1kV 4×70	m	1010	134.74	
主要材料	圆钢	kg	203671.96	4.67	
	混凝土	m³	1950.62	341.68	
	钢材	kg	43100.86	5.11	

指标编号：PZB4-41   指标单位：万元/km

指标名称	1kV　2回　电缆截面70mm²以内　电缆沟内敷设　同时建设　现浇混凝土　开启式电缆沟道　双侧支架				
基价	建筑工程费		安装工程费	设备购置费	其他费用	基本预备费
716.61	528.61		2.58	27.79	136.75	20.87
主要设备及材料列表						
名称及规格型号			单位	数量	单价（元）	
主要设备	电力电缆　YJV22　0.6/1kV　4×70		m	2020	134.74	
主要材料	圆钢		kg	203683.56	4.67	
	混凝土		m³	1950.62	341.68	
	钢材		kg	43100.86	5.11	

指标编号：PZB4-42   指标单位：万元/km

指标名称	1kV　3回　电缆截面70mm²以内　电缆沟内敷设　同时建设　现浇混凝土　开启式电缆沟道　双侧支架				
基价	建筑工程费		安装工程费	设备购置费	其他费用	基本预备费
733.14	528.61		3.88	41.68	137.62	21.35
主要设备及材料列表						
名称及规格型号			单位	数量	单价（元）	
主要设备	电力电缆　YJV22　0.6/1kV　4×70		m	3030	134.74	
主要材料	圆钢		kg	203695.16	4.67	

主要设备及材料列表				
名称及规格型号		单位	数量	单价（元）
主要材料	混凝土	m³	1950.62	341.68
	钢材	kg	43100.86	5.11

指标编号：PZB4-43

指标单位：万元/km

指标名称	1kV 4回 电缆截面70mm²以内 电缆沟内敷设 同时建设 现浇混凝土 开启式电缆沟道 双侧支架				
基价	建筑工程费	安装工程费	设备购置费	其他费用	基本预备费
749.67	528.61	5.17	55.57	138.48	21.84
主要设备及材料列表					
名称及规格型号		单位	数量	单价（元）	
主要设备	电力电缆 YJV22 0.6/1kV 4×70	m	4040	134.74	
主要材料	圆钢	kg	203706.76	4.67	
	混凝土	m³	1950.62	341.68	
	钢材	kg	43100.86	5.11	

指标编号：PZB4-44   指标单位：万元/km

指标名称	1kV　5回　电缆截面70mm²以内　电缆沟内敷设　同时建设　现浇混凝土　开启式电缆沟道　双侧支架				
基价	建筑工程费		安装工程费	设备购置费	其他费用	基本预备费
766.28	528.61		6.46	69.47	139.42	22.32
主要设备及材料列表						
名称及规格型号			单位	数量	单价（元）	
主要设备	电力电缆　YJV22　0.6/1kV　4×70		m	5050	134.74	
主要材料	圆钢		kg	203718.36	4.67	
	混凝土		m³	1950.62	341.68	
	钢材		kg	43100.86	5.11	

指标编号：PZB4-45   指标单位：万元/km

指标名称	1kV　6回　电缆截面70mm²以内　电缆沟内敷设　同时建设　现浇混凝土　开启式电缆沟道　双侧支架				
基价	建筑工程费		安装工程费	设备购置费	其他费用	基本预备费
782.8	528.61		7.75	83.36	140.27	22.8
主要设备及材料列表						
名称及规格型号			单位	数量	单价（元）	
主要设备	电力电缆　YJV22　0.6/1kV　4×70		m	6060	134.74	
主要材料	圆钢		kg	203729.96	4.67	

主要设备及材料列表				
	名称及规格型号	单位	数量	单价（元）
主要材料	混凝土	m³	1950.62	341.68
	钢材	kg	43100.86	5.11

指标编号：PZB4-46　　　　　　　　　　　　　　　　　　　　　指标单位：万元/km

指标名称	1kV 电缆截面 120mm² 以内　排管或沟隧道内敷设　不含电缆土建				
基价	建筑工程费	安装工程费	设备购置费	其他费用	基本预备费
29.01		2.1	23.35	2.72	0.84
主要设备及材料列表					
	名称及规格型号	单位	数量	单价（元）	
主要设备	电力电缆　YJV22　0.6/1kV　4×120	m	1010	226.45	

指标编号：PZB4-47　　　　　　　　　　　　　　　　　　　　　指标单位：万元/km

指标名称	1kV　1回　电缆截面 120mm² 以内　排管内敷设　同时建设 6 孔排管				
基价	建筑工程费	安装工程费	设备购置费	其他费用	基本预备费
326.13	224.45	2.1	23.35	66.73	9.5

主要设备及材料列表				
名称及规格型号		单位	数量	单价（元）
主要设备	电力电缆 YJV22 0.6/1kV 4×120	m	1010	226.45
主要材料	圆钢	kg	102710.06	4.67
	混凝土	m³	804.08	341.68

指标编号：PZB4-48   指标单位：万元/km

指标名称	1kV 2回 电缆截面 120mm² 以内 排管内敷设 同时建设 6 孔排管				
基价	建筑工程费	安装工程费	设备购置费	其他费用	基本预备费
353.54	224.45	4.19	46.7	67.89	10.3

主要设备及材料列表				
名称及规格型号		单位	数量	单价（元）
主要设备	电力电缆 YJV22 0.6/1kV 4×120	m	2020	226.45
主要材料	圆钢	kg	102725.58	4.67
	混凝土	m³	804.08	341.68

指标编号：PZB4-49   指标单位：万元/km

指标名称	1kV 1回 电缆截面 120mm² 以内 排管内敷设 同时建设 18 孔排管				
基价	建筑工程费	安装工程费	设备购置费	其他费用	基本预备费
543.81	390.02	2.1	23.35	112.51	15.84
主要设备及材料列表					
	名称及规格型号		单位	数量	单价（元）
主要设备	电力电缆 YJV22 0.6/1kV 4×120		m	1010	226.45
主要材料	圆钢		kg	103655.98	4.67
	混凝土		m³	1336.81	341.68

指标编号：PZB4-50   指标单位：万元/km

指标名称	1kV 2回 电缆截面 120mm² 以内 排管内敷设 同时建设 18 孔排管				
基价	建筑工程费	安装工程费	设备购置费	其他费用	基本预备费
571.65	390.02	4.19	46.7	114.09	16.65
主要设备及材料列表					
	名称及规格型号		单位	数量	单价（元）
主要设备	电力电缆 YJV22 0.6/1kV 4×120		m	2020	226.45
主要材料	圆钢		kg	103671.5	4.67
	混凝土		m³	1336.81	341.68

指标编号：PZB4-51 指标单位：万元/km

指标名称	1kV 3回 电缆截面 120mm² 以内 排管内敷设 同时建设 18 孔排管				
基价	建筑工程费	安装工程费	设备购置费	其他费用	基本预备费
599.48	390.02	6.29	70.05	115.67	17.46
主要设备及材料列表					
名称及规格型号			单位	数量	单价（元）
主要设备	电力电缆 YJV22 0.6/1kV 4×120		m	3030	226.45
主要材料	圆钢		kg	103687.02	4.67
	混凝土		m³	1336.81	341.68

指标编号：PZB4-52 指标单位：万元/km

指标名称	1kV 4回 电缆截面 120mm² 以内 排管内敷设 同时建设 18 孔排管				
基价	建筑工程费	安装工程费	设备购置费	其他费用	基本预备费
627.25	390.02	8.38	93.4	117.18	18.27
主要设备及材料列表					
名称及规格型号			单位	数量	单价（元）
主要设备	电力电缆 YJV22 0.6/1kV 4×120		m	4040	226.45
主要材料	圆钢		kg	103702.54	4.67
	混凝土		m³	1336.81	341.68

指标名称	1kV　5回　电缆截面 120mm² 以内　排管内敷设　同时建设 18 孔排管				
基价	建筑工程费	安装工程费	设备购置费	其他费用	基本预备费
655.07	390.02	10.48	116.75	118.75	19.08
主要设备及材料列表					
名称及规格型号			单位	数量	单价（元）
主要设备	电力电缆　YJV22　0.6/1kV　4×120		m	5050	226.45
主要材料	圆钢		kg	103718.06	4.67
	混凝土		m³	1336.81	341.68

指标名称	1kV　6回　电缆截面 120mm² 以内　排管内敷设　同时建设 18 孔排管				
基价	建筑工程费	安装工程费	设备购置费	其他费用	基本预备费
682.88	390.02	12.57	140.1	120.31	19.89
主要设备及材料列表					
名称及规格型号			单位	数量	单价（元）
主要设备	电力电缆　YJV22　0.6/1kV　4×120		m	6060	226.45
主要材料	圆钢		kg	103733.58	4.67
	混凝土		m³	1336.81	341.68

指标编号：PZB4-55 指标单位：万元/km

指标名称	1kV 1回 电缆截面 120mm² 以内 电缆沟内敷设 同时建设 砖砌 电缆沟道 单侧支架				
基价	建筑工程费	安装工程费	设备购置费	其他费用	基本预备费
370.05	264.15	2.1	23.35	69.67	10.78
主要设备及材料列表					
名称及规格型号			单位	数量	单价（元）
主要设备	电力电缆 YJV22 0.6/1kV 4×120		m	1010	226.45
主要材料	圆钢		kg	13522.83	4.67
	混凝土		m³	655.88	341.68
	钢材		kg	22479.71	5.11

指标编号：PZB4-56 指标单位：万元/km

指标名称	1kV 2回 电缆截面 120mm² 以内 电缆沟内敷设 同时建设 砖砌 电缆沟道 单侧支架				
基价	建筑工程费	安装工程费	设备购置费	其他费用	基本预备费
397.61	264.15	4.19	46.7	70.98	11.58
主要设备及材料列表					
名称及规格型号			单位	数量	单价（元）
主要设备	电力电缆 YJV22 0.6/1kV 4×120		m	2020	226.45
主要材料	圆钢		kg	13538.35	4.67

主要设备及材料列表				
名称及规格型号		单位	数量	单价（元）
主要材料	混凝土	m³	655.88	341.68
	钢材	kg	22479.71	5.11

指标编号：PZB4-57　　　　　　　　　　　　　　　　　　　　指标单位：万元/km

指标名称	1kV　3回　电缆截面120mm²以内　电缆沟内敷设　同时建设　砖砌　电缆沟道　单侧支架				
基价	建筑工程费	安装工程费	设备购置费	其他费用	基本预备费
425.42	264.15	6.29	70.05	72.54	12.39
主要设备及材料列表					
名称及规格型号		单位	数量	单价（元）	
主要设备	电力电缆　YJV22　0.6/1kV　4×120	m	3030	226.45	
主要材料	圆钢	kg	13553.87	4.67	
	混凝土	m³	655.88	341.68	
	钢材	kg	22479.71	5.11	

指标编号：PZB4-58 指标单位：万元/km

指标名称	1kV 1回 电缆截面 120mm² 以内 电缆沟内敷设 同时建设 砖砌 电缆沟道 双侧支架				
基价	建筑工程费	安装工程费	设备购置费	其他费用	基本预备费
458.71	332.95	2.1	23.35	86.95	13.36
主要设备及材料列表					
名称及规格型号			单位	数量	单价（元）
主要设备	电力电缆 YJV22 0.6/1kV 4×120		m	1010	226.45
主要材料	圆钢		kg	13522.83	4.67
	混凝土		m³	799.13	341.68
	钢材		kg	36303.37	5.11

指标编号：PZB4-59 指标单位：万元/km

指标名称	1kV 2回 电缆截面 120mm² 以内 电缆沟内敷设 同时建设 砖砌 电缆沟道 双侧支架				
基价	建筑工程费	安装工程费	设备购置费	其他费用	基本预备费
486.5	332.95	4.19	46.7	88.5	14.17
主要设备及材料列表					
名称及规格型号			单位	数量	单价（元）
主要设备	电力电缆 YJV22 0.6/1kV 4×120		m	2020	226.45
主要材料	圆钢		kg	13538.35	4.67

主要设备及材料列表				
名称及规格型号		单位	数量	单价（元）
主要材料	混凝土	m³	799.13	341.68
	钢材	kg	36303.37	5.11

指标编号：PZB4-60

指标单位：万元/km

指标名称	1kV　3回　电缆截面120mm²以内　电缆沟内敷设　同时建设　砖砌　电缆沟道　双侧支架				
基价	建筑工程费	安装工程费	设备购置费	其他费用	基本预备费
514.24	332.95	6.29	70.05	89.98	14.98

主要设备及材料列表				
名称及规格型号		单位	数量	单价（元）
主要设备	电力电缆　YJV22　0.6/1kV　4×120	m	3030	226.45
主要材料	圆钢	kg	13553.87	4.67
	混凝土	m³	799.13	341.68
	钢材	kg	36303.37	5.11

指标编号：PZB4-61 指标单位：万元/km

指标名称	1kV 4回 电缆截面 120mm² 以内 电缆沟内敷设 同时建设 砖砌 电缆沟道 双侧支架				
基价	建筑工程费	安装工程费	设备购置费	其他费用	基本预备费
542.03	332.95	8.38	93.4	91.51	15.79
主要设备及材料列表					
名称及规格型号			单位	数量	单价（元）
主要设备	电力电缆 YJV22 0.6/1kV 4×120		m	4040	226.45
主要材料	圆钢		kg	13569.39	4.67
	混凝土		m³	799.13	341.68
	钢材		kg	36303.37	5.11

指标编号：PZB4-62 指标单位：万元/km

指标名称	1kV 5回 电缆截面 120mm² 以内 电缆沟内敷设 同时建设 砖砌 电缆沟道 双侧支架				
基价	建筑工程费	安装工程费	设备购置费	其他费用	基本预备费
569.8	332.95	10.48	116.75	93.03	16.6
主要设备及材料列表					
名称及规格型号			单位	数量	单价（元）
主要设备	电力电缆 YJV22 0.6/1kV 4×120		m	5050	226.45
主要材料	圆钢		kg	13584.91	4.67

主要设备及材料列表				
名称及规格型号		单位	数量	单价（元）
主要材料	混凝土	m³	799.13	341.68
	钢材	kg	36303.37	5.11

指标编号：PZB4-63　　　　　　　　　　　　　　　　　　　　　　指标单位：万元/km

指标名称	1kV　6回　电缆截面120mm²以内　电缆沟内敷设　同时建设　砖砌　电缆沟道　双侧支架				
基价	建筑工程费	安装工程费	设备购置费	其他费用	基本预备费
597.57	332.95	12.57	140.1	94.55	17.4
主要设备及材料列表					
名称及规格型号		单位	数量	单价（元）	
主要设备	电力电缆　YJV22　0.6/1kV　4×120	m	6060	226.45	
主要材料	圆钢	kg	13600.43	4.67	
	混凝土	m³	799.13	341.68	
	钢材	kg	36303.37	5.11	

指标编号：PZB4-64   指标单位：万元/km

指标名称	1kV 1回 电缆截面120mm²以内 电缆沟内敷设 同时建设 现浇混凝土 开启式电缆沟道 单侧支架				
基价	建筑工程费	安装工程费	设备购置费	其他费用	基本预备费
594.17	437.86	2.1	23.35	113.57	17.31
主要设备及材料列表					
名称及规格型号			单位	数量	单价（元）
主要设备	电力电缆 YJV22 0.6/1kV 4×120		m	1010	226.45
主要材料	圆钢		kg	194199.3	4.67
	混凝土		m³	1696.01	341.68
	钢材		kg	24419.66	5.11

指标编号：PZB4-65   指标单位：万元/km

指标名称	1kV 2回 电缆截面120mm²以内 电缆沟内敷设 同时建设 现浇混凝土 开启式电缆沟道 单侧支架				
基价	建筑工程费	安装工程费	设备购置费	其他费用	基本预备费
621.88	437.86	4.19	46.7	115.02	18.11
主要设备及材料列表					
名称及规格型号			单位	数量	单价（元）
主要设备	电力电缆 YJV22 0.6/1kV 4×120		m	2020	226.45
主要材料	圆钢		kg	194214.82	4.67

主要设备及材料列表				
名称及规格型号		单位	数量	单价（元）
主要材料	混凝土	m³	1696.01	341.68
	钢材	kg	24419.66	5.11

指标编号：PZB4-66

指标单位：万元/km

指标名称	1kV　3回　电缆截面120mm²以内　电缆沟内敷设　同时建设　现浇混凝土　开启式电缆沟道　单侧支架				
基价	建筑工程费	安装工程费	设备购置费	其他费用	基本预备费
649.64	437.86	6.29	70.05	116.53	18.92

主要设备及材料列表				
名称及规格型号		单位	数量	单价（元）
主要设备	电力电缆　YJV22　0.6/1kV　4×120	m	3030	226.45
主要材料	圆钢	kg	194230.34	4.67
	混凝土	m³	1696.01	341.68
	钢材	kg	24419.66	5.11

指标编号：PZB4-67

指标单位：万元/km

指标名称	1kV 1回 电缆截面 120mm² 以内 电缆沟内敷设 同时建设 现浇混凝土 开启式电缆沟道 双侧支架				
基价	建筑工程费	安装工程费	设备购置费	其他费用	基本预备费
711.21	528.61	2.1	23.35	136.44	20.71
主要设备及材料列表					
	名称及规格型号		单位	数量	单价（元）
主要设备	电力电缆 YJV22 0.6/1kV 4×120		m	1010	226.45
主要材料	圆钢		kg	203675.88	4.67
	混凝土		m³	1950.62	341.68
	钢材		kg	43100.86	5.11

指标编号：PZB4-68

指标单位：万元/km

指标名称	1kV 2回 电缆截面 120mm² 以内 电缆沟内敷设 同时建设 现浇混凝土 开启式电缆沟道 双侧支架				
基价	建筑工程费	安装工程费	设备购置费	其他费用	基本预备费
738.95	528.61	4.19	46.7	137.93	21.52
主要设备及材料列表					
	名称及规格型号		单位	数量	单价（元）
主要设备	电力电缆 YJV22 0.6/1kV 4×120		m	2020	226.45
主要材料	圆钢		kg	203691.4	4.67

134

主要设备及材料列表				
名称及规格型号		单位	数量	单价（元）
主要材料	混凝土	m³	1950.62	341.68
	钢材	kg	43100.86	5.11

指标编号：PZB4-69

指标单位：万元/km

指标名称	1kV　3回　电缆截面 120mm² 以内　电缆沟内敷设　同时建设　现浇混凝土　开启式电缆沟道　双侧支架				
基价	建筑工程费	安装工程费	设备购置费	其他费用	基本预备费
766.69	528.61	6.29	70.05	139.41	22.33

主要设备及材料列表				
名称及规格型号		单位	数量	单价（元）
主要设备	电力电缆　YJV22　0.6/1kV　4×120	m	3030	226.45
主要材料	圆钢	kg	203706.92	4.67
	混凝土	m³	1950.62	341.68
	钢材	kg	43100.86	5.11

指标编号：PZB4-70

指标名称	1kV 4回 电缆截面120mm² 以内 电缆沟内敷设 同时建设 现浇混凝土 开启式电缆沟道 双侧支架				
基价	建筑工程费	安装工程费	设备购置费	其他费用	基本预备费
794.33	528.61	8.38	93.4	140.81	23.14
主要设备及材料列表					
名称及规格型号			单位	数量	单价（元）
主要设备	电力电缆 YJV22 0.6/1kV 4×120		m	4040	226.45
主要材料	圆钢		kg	203722.44	4.67
	混凝土		m³	1950.62	341.68
	钢材		kg	43100.86	5.11

指标编号：PZB4-71

指标名称	1kV 5回 电缆截面120mm² 以内 电缆沟内敷设 同时建设 现浇混凝土 开启式电缆沟道 双侧支架				
基价	建筑工程费	安装工程费	设备购置费	其他费用	基本预备费
822.05	528.61	10.48	116.75	142.27	23.94
主要设备及材料列表					
名称及规格型号			单位	数量	单价（元）
主要设备	电力电缆 YJV22 0.6/1kV 4×120		m	5050	226.45
主要材料	圆钢		kg	203737.96	4.67

主要设备及材料列表				
名称及规格型号		单位	数量	单价（元）
主要材料	混凝土	m³	1950.62	341.68
	钢材	kg	43100.86	5.11

指标编号：PZB4-72

指标单位：万元/km

指标名称	1kV 6回 电缆截面 120mm² 以内 电缆沟内敷设 同时建设 现浇混凝土 开启式电缆沟道 双侧支架				
基价	建筑工程费	安装工程费	设备购置费	其他费用	基本预备费
849.77	528.61	12.57	140.1	143.73	24.75

主要设备及材料列表				
名称及规格型号		单位	数量	单价（元）
主要设备	电力电缆 YJV22 0.6/1kV 4×120	m	6060	226.45
主要材料	圆钢	kg	203753.48	4.67
	混凝土	m³	1950.62	341.68
	钢材	kg	43100.86	5.11

指标编号：PZB4-73

指标单位：万元/km

指标名称	1kV 电缆截面 120mm² 以上　排管或沟隧道内敷设　不含电缆土建				
基价	建筑工程费	安装工程费	设备购置费	其他费用	基本预备费
55.22		2.86	46.19	4.56	1.61
主要设备及材料列表					
名称及规格型号			单位	数量	单价（元）
主要设备	电力电缆　YJV22　0.6/1kV　4×240		m	1010	448

指标编号：PZB4-74

指标单位：万元/km

指标名称	1kV　1回　电缆截面 120mm² 以上　排管内敷设　同时建设 6 孔排管				
基价	建筑工程费	安装工程费	设备购置费	其他费用	基本预备费
351.32	224.45	2.86	46.19	67.58	10.23
主要设备及材料列表					
名称及规格型号			单位	数量	单价（元）
主要设备	电力电缆　YJV22　0.6/1kV　4×240		m	1010	448
主要材料	圆钢		kg	102706.96	4.67
	混凝土		m³	804.08	341.68

指标编号：PZB4-75   指标单位：万元/km

指标名称	1kV 2回 电缆截面 120mm² 以上 排管内敷设 同时建设 6 孔排管					
基价	建筑工程费		安装工程费	设备购置费	其他费用	基本预备费
404.21	224.45		5.72	92.39	69.87	11.77
	主要设备及材料列表					
	名称及规格型号			单位	数量	单价（元）
主要设备	电力电缆 YJV22 0.6/1kV 4×240			m	2020	448
主要材料	圆钢			kg	102719.37	4.67
	混凝土			m³	804.08	341.68

指标编号：PZB4-76   指标单位：万元/km

指标名称	1kV 1回 电缆截面 120mm² 以上 排管内敷设 同时建设 18 孔排管					
基价	建筑工程费		安装工程费	设备购置费	其他费用	基本预备费
393.05	256.48		2.86	46.19	76.07	11.45
	主要设备及材料列表					
	名称及规格型号			单位	数量	单价（元）
主要设备	电力电缆 YJV22 0.6/1kV 4×240			m	1010	448
主要材料	圆钢			kg	6275.63	4.67
	混凝土			m³	900.17	341.68

指标编号：PZB4-77

指标单位：万元/km

指标名称	1kV 2回 电缆截面120mm² 以上 排管内敷设 同时建设18孔排管				
基价	建筑工程费	安装工程费	设备购置费	其他费用	基本预备费
490.56	289.81	5.72	92.39	88.35	14.29
主要设备及材料列表					
	名称及规格型号		单位	数量	单价（元）
主要设备	电力电缆 YJV22 0.6/1kV 4×240		m	2020	448
主要材料	圆钢		kg	7101.91	4.67
	混凝土		m³	1017.13	341.68

指标编号：PZB4-78

指标单位：万元/km

指标名称	1kV 3回 电缆截面120mm² 以上 排管内敷设 同时建设18孔排管				
基价	建筑工程费	安装工程费	设备购置费	其他费用	基本预备费
543.95	289.81	8.58	138.58	91.14	15.84
主要设备及材料列表					
	名称及规格型号		单位	数量	单价（元）
主要设备	电力电缆 YJV22 0.6/1kV 4×240		m	3030	448
主要材料	圆钢		kg	7114.32	4.67
	混凝土		m³	1017.13	341.68

140

指标编号：PZB4-79

指标名称	1kV 4回 电缆截面120mm²以上 排管内敷设 同时建设18孔排管				
基价	建筑工程费	安装工程费	设备购置费	其他费用	基本预备费
597.37	289.81	11.44	184.77	93.95	17.4
主要设备及材料列表					
名称及规格型号			单位	数量	单价（元）
主要设备	电力电缆 YJV22 0.6/1kV 4×240		m	4040	448
主要材料	圆钢		kg	7126.74	4.67
	混凝土		m³	1017.13	341.68

指标编号：PZB4-80

指标名称	1kV 5回 电缆截面120mm²以上 排管内敷设 同时建设18孔排管				
基价	建筑工程费	安装工程费	设备购置费	其他费用	基本预备费
650.7	289.81	14.3	230.97	96.67	18.95
主要设备及材料列表					
名称及规格型号			单位	数量	单价（元）
主要设备	电力电缆 YJV22 0.6/1kV 4×240		m	5050	448
主要材料	圆钢		kg	7139.15	4.67
	混凝土		m³	1017.13	341.68

指标编号：PZB4-81

指标单位：万元/km

指标名称	1kV 6回 电缆截面120mm²以上 排管内敷设 同时建设18孔排管				
基价	建筑工程费	安装工程费	设备购置费	其他费用	基本预备费
704.06	289.81	17.16	277.16	99.43	20.51
主要设备及材料列表					
名称及规格型号			单位	数量	单价（元）
主要设备	电力电缆 YJV22 0.6/1kV 4×240		m	6060	448
主要材料	圆钢		kg	7151.57	4.67
	混凝土		m³	1017.13	341.68

指标编号：PZB4-82

指标单位：万元/km

指标名称	1kV 1回 电缆截面120mm²以上 电缆沟内敷设 同时建设 砖砌 电缆沟道 单侧支架				
基价	建筑工程费	安装工程费	设备购置费	其他费用	基本预备费
432.33	293.21	3.17	45.25	78.11	12.59
主要设备及材料列表					
名称及规格型号			单位	数量	单价（元）
主要设备	电力电缆 YJV22 0.6/1kV 4×240		m	1010	448
主要材料	圆钢		kg	15006.89	4.67
	混凝土		m³	728.02	341.68
	钢材		kg	24952.49	5.11

142

指标编号：PZB4-83

指标名称	1kV 2回 电缆截面 120mm² 以上 电缆沟内敷设 同时建设 砖砌 电缆沟道 单侧支架				
基价	建筑工程费		安装工程费	设备购置费	其他费用	基本预备费
485.05	293.21		6.35	90.5	80.87	14.13
主要设备及材料列表						
	名称及规格型号		单位	数量	单价（元）	
主要设备	电力电缆 YJV22 0.6/1kV 4×240		m	2020	448	
主要材料	圆钢		kg	15020.67	4.67	
	混凝土		m³	728.02	341.68	
	钢材		kg	24952.49	5.11	

指标编号：PZB4-84

指标名称	1kV 3回 电缆截面 120mm² 以上 电缆沟内敷设 同时建设 砖砌 电缆沟道 单侧支架				
基价	建筑工程费		安装工程费	设备购置费	其他费用	基本预备费
537.78	293.21		9.52	135.74	83.64	15.66
主要设备及材料列表						
	名称及规格型号		单位	数量	单价（元）	
主要设备	电力电缆 YJV22 0.6/1kV 4×240		m	3030	448	
主要材料	圆钢		kg	15034.45	4.67	

主要设备及材料列表				
名称及规格型号		单位	数量	单价（元）
主要材料	混凝土	m³	728.02	341.68
	钢材	kg	24952.49	5.11

指标编号：PZB4-85

指标单位：万元/km

指标名称	1kV 1回 电缆截面 120mm² 以上 电缆沟内敷设 同时建设 砖砌 电缆沟道 双侧支架				
基价	建筑工程费	安装工程费	设备购置费	其他费用	基本预备费
530.95	369.57	3.17	45.25	97.49	15.46

主要设备及材料列表				
名称及规格型号		单位	数量	单价（元）
主要设备	电力电缆 YJV22 0.6/1kV 4×240	m	1010	448
主要材料	圆钢	kg	15006.89	4.67
	混凝土	m³	887.03	341.68
	钢材	kg	40296.74	5.11

指标编号：PZB4-86

指标名称	1kV 2回 电缆截面 120mm² 以上 电缆沟内敷设 同时建设 砖砌 电缆沟道 双侧支架				
基价	建筑工程费	安装工程费	设备购置费	其他费用	基本预备费
583.67	369.57	6.35	90.5	100.25	17
主要设备及材料列表					
	名称及规格型号		单位	数量	单价（元）
主要设备	电力电缆 YJV22 0.6/1kV 4×240		m	2020	448
主要材料	圆钢		kg	15020.67	4.67
	混凝土		m³	887.03	341.68
	钢材		kg	40296.74	5.11

指标编号：PZB4-87

指标名称	1kV 3回 电缆截面 120mm² 以上 电缆沟内敷设 同时建设砖砌 电缆沟道 双侧支架				
基价	建筑工程费	安装工程费	设备购置费	其他费用	基本预备费
636.3	369.57	9.52	135.74	102.93	18.53
主要设备及材料列表					
	名称及规格型号		单位	数量	单价（元）
主要设备	电力电缆 YJV22 0.6/1kV 4×240		m	3030	448
主要材料	圆钢		kg	15034.45	4.67

主要设备及材料列表				
	名称及规格型号	单位	数量	单价（元）
主要材料	混凝土	m³	887.03	341.68
	钢材	kg	40296.74	5.11

指标编号：PZB4-88

指标单位：万元/km

指标名称	1kV　4回　电缆截面120mm²以上　电缆沟内敷设　同时建设　砖砌　电缆沟道　双侧支架				
基价	建筑工程费	安装工程费	设备购置费	其他费用	基本预备费
688.96	369.57	12.7	180.99	105.64	20.07

主要设备及材料列表				
	名称及规格型号	单位	数量	单价（元）
主要设备	电力电缆　YJV22　0.6/1kV　4×240	m	4040	448
主要材料	圆钢	kg	15048.23	4.67
	混凝土	m³	887.03	341.68
	钢材	kg	40296.74	5.11

指标编号：PZB4-89
指标单位：万元/km

指标名称	1kV 5回 电缆截面 120mm² 以上 电缆沟内敷设 同时建设 砖砌 电缆沟道 双侧支架				
基价	建筑工程费	安装工程费	设备购置费	其他费用	基本预备费
741.53	369.57	15.87	226.24	108.25	21.6
主要设备及材料列表					
	名称及规格型号		单位	数量	单价（元）
主要设备	电力电缆 YJV22 0.6/1kV 4×240		m	5050	448
主要材料	圆钢		kg	15062.01	4.67
	混凝土		m³	887.03	341.68
	钢材		kg	40296.74	5.11

指标编号：PZB4-90
指标单位：万元/km

指标名称	1kV 6回 电缆截面 120mm² 以上 电缆沟内敷设 同时建设 砖砌 电缆沟道 双侧支架				
基价	建筑工程费	安装工程费	设备购置费	其他费用	基本预备费
794.13	369.57	19.04	271.49	110.9	23.13
主要设备及材料列表					
	名称及规格型号		单位	数量	单价（元）
主要设备	电力电缆 YJV22 0.6/1kV 4×240		m	6060	448
主要材料	圆钢		kg	15075.8	4.67

	主要设备及材料列表			
	名称及规格型号	单位	数量	单价（元）
主要材料	混凝土	m³	887.03	341.68
	钢材	kg	40296.74	5.11

指标编号：PZB4-91

指标单位：万元/km

指标名称	1kV 1回 电缆截面 120mm² 以上 电缆沟内敷设 同时建设 现浇混凝土 开启式电缆沟道 单侧支架				
基价	建筑工程费	安装工程费	设备购置费	其他费用	基本预备费
681.2	486.02	3.17	45.25	126.91	19.84

	主要设备及材料列表			
	名称及规格型号	单位	数量	单价（元）
主要设备	电力电缆 YJV22 0.6/1kV 4×240	m	1010	448
主要材料	圆钢	kg	215557.78	4.67
	混凝土	m³	1882.56	341.68
	钢材	kg	27105.82	5.11

指标名称	1kV　2回　电缆截面120mm² 以上　电缆沟内敷设　同时建设　现浇混凝土　开启式电缆沟道　单侧支架				
基价	建筑工程费		安装工程费	设备购置费	其他费用	基本预备费
733.85	486.02		6.35	90.5	129.61	21.37
主要设备及材料列表						
名称及规格型号			单位	数量	单价（元）	
主要设备	电力电缆　YJV22　0.6/1kV　4×240		m	2020	448	
主要材料	圆钢		kg	215571.56	4.67	
	混凝土		m³	1882.56	341.68	
	钢材		kg	27105.82	5.11	

指标名称	1kV　3回　电缆截面120mm² 以上　电缆沟内敷设　同时建设　现浇混凝土　开启式电缆沟道　单侧支架				
基价	建筑工程费		安装工程费	设备购置费	其他费用	基本预备费
786.4	486.02		9.52	135.74	132.21	22.9
主要设备及材料列表						
名称及规格型号			单位	数量	单价（元）	
主要设备	电力电缆　YJV22　0.6/1kV　4×240		m	3030	448	
主要材料	圆钢		kg	215585.34	4.67	

主要设备及材料列表				
名称及规格型号		单位	数量	单价（元）
主要材料	混凝土	m³	1882.56	341.68
	钢材	kg	27105.82	5.11

指标编号：PZB4-94 　　　　　　　　　　　　　　　　　　　　　　　　　　　指标单位：万元/km

指标名称	1kV　1回　电缆截面120mm² 以上　电缆沟内敷设　同时建设现浇混凝土　开启式电缆沟道　双侧支架				
基价	建筑工程费	安装工程费	设备购置费	其他费用	基本预备费
811.04	586.76	3.17	45.25	152.24	23.62
主要设备及材料列表					
名称及规格型号		单位	数量		单价（元）
主要设备	电力电缆　YJV22　0.6/1kV　4×240	m	1010		448
主要材料	圆钢	kg	226076.78		4.67
	混凝土	m³	2165.19		341.68
	钢材	kg	47841.97		5.11

指标编号：PZB4-95

指标单位：万元/km

指标名称	1kV　2回　电缆截面 120mm² 以上　电缆沟内敷设　同时建设现浇混凝土　开启式电缆沟道　双侧支架				
基价	建筑工程费	安装工程费	设备购置费	其他费用	基本预备费
863.64	586.76	6.35	90.5	154.88	25.15
主要设备及材料列表					
名称及规格型号			单位	数量	单价（元）
主要设备	电力电缆　YJV22　0.6/1kV　4×240		m	2020	448
主要材料	圆钢		kg	226090.56	4.67
	混凝土		m³	2165.19	341.68
	钢材		kg	47841.97	5.11

指标编号：PZB4-96

指标单位：万元/km

指标名称	1kV　3回　电缆截面 120mm² 以上　电缆沟内敷设　同时建设　现浇混凝土　开启式电缆沟道　双侧支架				
基价	建筑工程费	安装工程费	设备购置费	其他费用	基本预备费
916.12	586.76	9.52	135.74	157.41	26.68
主要设备及材料列表					
名称及规格型号			单位	数量	单价（元）
主要设备	电力电缆　YJV22　0.6/1kV　4×240		m	3030	448
主要材料	圆钢		kg	226104.34	4.67

主要设备及材料列表				
名称及规格型号		单位	数量	单价（元）
主要材料	混凝土	m³	2165.19	341.68
	钢材	kg	47841.97	5.11

指标编号：PZB4-97　　　　　　　　　　　　　　　　　　　　　　　指标单位：万元/km

指标名称	1kV　4回　电缆截面120mm²以上　电缆沟内敷设　同时建设现浇混凝土　开启式电缆沟道　双侧支架				
基价	建筑工程费	安装工程费	设备购置费	其他费用	基本预备费
968.66	586.76	12.7	180.99	160	28.21

主要设备及材料列表				
名称及规格型号		单位	数量	单价（元）
主要设备	电力电缆　YJV22　0.6/1kV　4×240	m	4040	448
主要材料	圆钢	kg	226118.12	4.67
	混凝土	m³	2165.19	341.68
	钢材	kg	47841.97	5.11

指标编号：PZB4-98   指标单位：万元/km

指标名称	1kV 5回 电缆截面 120mm² 以上 电缆沟内敷设 同时建设现浇混凝土 开启式电缆沟道 双侧支架				
基价	建筑工程费	安装工程费	设备购置费	其他费用	基本预备费
1021.07	586.76	15.87	226.24	162.46	29.74
主要设备及材料列表					
名称及规格型号			单位	数量	单价（元）
主要设备	电力电缆 YJV22 0.6/1kV 4×240		m	5050	448
主要材料	圆钢		kg	226131.91	4.67
	混凝土		m³	2165.19	341.68
	钢材		kg	47841.97	5.11

指标编号：PZB4-99   指标单位：万元/km

指标名称	1kV 6回 电缆截面 120mm² 以上 电缆沟内敷设 同时建设 现浇混凝土 开启式电缆沟道 双侧支架				
基价	建筑工程费	安装工程费	设备购置费	其他费用	基本预备费
1073.56	586.76	19.04	271.49	165	31.27
主要设备及材料列表					
名称及规格型号			单位	数量	单价（元）
主要设备	电力电缆 YJV22 0.6/1kV 4×240		m	6060	448
主要材料	圆钢		kg	226145.69	4.67

主要设备及材料列表				
名称及规格型号		单位	数量	单价（元）
主要材料	混凝土	m³	2165.19	341.68
	钢材	kg	47841.97	5.11

4.1.3　10kV 陆上电缆线路

4.1.3.1　10kV 陆上电缆直埋敷设

指标编号：PZB4-100

指标单位：万元/km

指标名称	10kV　1 回　电缆截面 120mm² 以内直埋				
基价	建筑工程费	安装工程费	设备购置费	其他费用	基本预备费
47.59		7.99	33.19	5.02	1.39
主要设备及材料列表					
名称及规格型号			单位	数量	单价（元）
主要设备	电力电缆　AC10kV，YJY，120，3，22		km	1.01	317021.5
	20kV 及以下电缆终端　AC10kV，120mm²，3 芯		套	2	402.28
	20kV 及以下电缆中间接头　AC10kV，120mm²，3 芯		套	4	1033.95

指标名称	10kV　2 回　电缆截面 120mm² 以内直埋				
基价	建筑工程费	安装工程费	设备购置费	其他费用	基本预备费
94.17		15.98	66.39	9.06	2.74
主要设备及材料列表					
	名称及规格型号		单位	数量	单价（元）
主要设备	电力电缆　AC10kV，YJY，120，3，22		km	2.02	317021.5
	20kV 及以下电缆终端　AC10kV，120mm²，3 芯		套	4	402.28
	20kV 及以下电缆中间接头　AC10kV，120mm²，3 芯		套	8	1033.95

指标名称	10kV　1 回　电缆截面 240mm² 以内直埋				
基价	建筑工程费	安装工程费	设备购置费	其他费用	基本预备费
87.56		8.93	68.61	7.46	2.55
主要设备及材料列表					
	名称及规格型号		单位	数量	单价（元）
主要设备	电力电缆　AC10kV，YJY，240，3，22		km	1.01	659479.3
	20kV 及以下电缆终端　AC10kV，240mm²，3 芯		套	2	459.91
	20kV 及以下电缆中间接头　AC10kV，240mm²，3 芯		套	4	1270.12

　　　　　　　　　　　　　　　　　　　　　　　　　　　　指标单位：万元/km

指标名称	10kV　2回　电缆截面240mm² 以内直埋				
基价	建筑工程费	安装工程费	设备购置费	其他费用	基本预备费
173.3		17.87	137.22	13.16	5.05
主要设备及材料列表					
名称及规格型号			单位	数量	单价（元）
主要设备	电力电缆　AC10kV，YJY，240，3，22		km	2.02	659479.3
	20kV 及以下电缆终端　AC10kV，240mm²，3 芯		套	4	459.91
	20kV 及以下电缆中间接头　AC10kV，240mm²，3 芯		套	8	1270.12

指标编号：PZB4-104　　　　　　　　　　　　　　　　　　　　　　　　　　　　指标单位：万元/km

指标名称	10kV　1回　电缆截面300mm² 以内直埋				
基价	建筑工程费	安装工程费	设备购置费	其他费用	基本预备费
103.9		8.93	83.72	8.22	3.03
主要设备及材料列表					
名称及规格型号			单位	数量	单价（元）
主要设备	电力电缆　AC10kV，YJY，300，3，22		km	1.01	805769.1
	20kV 及以下电缆终端　AC10kV，300mm²，3 芯		套	2	552.57
	20kV 及以下电缆中间接头　AC10kV，300mm²，3 芯		套	4	1281.42

指标名称	10kV 2回 电缆截面 300mm² 以内直埋				
基价	建筑工程费	安装工程费	设备购置费	其他费用	基本预备费
205.77		17.87	167.44	14.46	5.99
主要设备及材料列表					
	名称及规格型号		单位	数量	单价（元）
主要设备	电力电缆　AC10kV，YJY，300，3，22		km	2.02	805769.1
	20kV 及以下电缆终端　AC10kV，300mm²，3 芯		套	4	552.57
	20kV 及以下电缆中间接头　AC10kV，300mm²，3 芯		套	8	1281.42

指标名称	10kV 1回 电缆截面 400mm² 以内直埋				
基价	建筑工程费	安装工程费	设备购置费	其他费用	基本预备费
119.83		8.93	98.42	8.98	3.49
主要设备及材料列表					
	名称及规格型号		单位	数量	单价（元）
主要设备	电力电缆　AC10kV，YJY，400，3，22		km	1.01	948205.6
	20kV 及以下电缆终端　AC10kV，400mm²，3 芯		套	2.04	597.77
	20kV 及以下电缆中间接头　AC10kV，400mm²，3 芯		套	4.08	1297.24

指标编号：PZB4-107

指标单位：万元/km

指标名称	10kV 2回 电缆截面400mm² 以内直埋				
基价	建筑工程费	安装工程费	设备购置费	其他费用	基本预备费
237.26		17.87	196.84	15.64	6.91
主要设备及材料列表					
	名称及规格型号		单位	数量	单价（元）
主要设备	电力电缆 AC10kV，YJY，400，3，22		km	2.02	948205.6
	20kV 及以下电缆终端 AC10kV，400mm²，3芯		套	4	597.77
	20kV 及以下电缆中间接头 AC10kV，400mm²，3芯		套	8	1297.24

4.1.3.2 10kV陆上电缆直埋套保护管敷设

指标编号：PZB4-108

指标单位：万元/km

指标名称	10kV 1回 电缆截面120mm² 以内 直埋套保护管敷设				
基价	建筑工程费	安装工程费	设备购置费	其他费用	基本预备费
81.8	25.55	7.99	33.19	12.69	2.38
主要设备及材料列表					
	名称及规格型号		单位	数量	单价（元）
主要设备	电力电缆 AC10kV，YJY，120，3，22		km	1.01	317021.5
	20kV 及以下电缆终端 AC10kV，120mm²，3芯		套	2	402.28
	20kV 及以下电缆中间接头 AC10kV，120mm²，3芯		套	4	1033.95

指标单位：万元/km

指标名称	10kV 1回 电缆截面240mm²以内 直埋套保护管敷设				
基价	建筑工程费	安装工程费	设备购置费	其他费用	基本预备费
121.38	25.55	8.93	68.61	14.75	3.54
主要设备及材料列表					
	名称及规格型号		单位	数量	单价（元）
主要设备	电力电缆 AC10kV，YJY，240，3，22		km	1.01	659479.3
	20kV及以下电缆终端 AC10kV，240mm²，3芯		套	2	459.91
	20kV及以下电缆中间接头 AC10kV，240mm²，3芯		套	4	1270.12

指标单位：万元/km

指标名称	10kV 1回 电缆截面300mm²以内 直埋套保护管敷设				
基价	建筑工程费	安装工程费	设备购置费	其他费用	基本预备费
137.82	25.55	8.93	83.72	15.6	4.01
主要设备及材料列表					
	名称及规格型号		单位	数量	单价（元）
主要设备	电力电缆 AC10kV，YJY，300，3，22		km	1.01	805769.1
	20kV及以下电缆终端 AC10kV，300mm²，3芯		套	2	552.57
	20kV及以下电缆中间接头 AC10kV，300mm²，3芯		套	4	1281.42

指标名称	10kV 1回 电缆截面400mm² 以内 直埋套保护管敷设				
基价	建筑工程费	安装工程费	设备购置费	其他费用	基本预备费
153.75	25.55	8.93	98.42	16.37	4.48
主要设备及材料列表					
	名称及规格型号		单位	数量	单价（元）
主要设备	电力电缆 AC10kV，YJY，400，3，22		km	1.01	948205.6
	20kV及以下电缆终端 AC10kV，400mm²，3芯		套	2	597.77
	20kV及以下电缆中间接头 AC10kV，400mm²，3芯		套	4	1297.24

4.1.3.3 10kV陆上电缆其他敷设

指标名称	10kV 电缆截面120mm² 以内 排管或沟隧道内敷设 不含电缆土建				
基价	建筑工程费	安装工程费	设备购置费	其他费用	基本预备费
42.05		3.73	33.19	3.91	1.22
主要设备及材料列表					
	名称及规格型号		单位	数量	单价（元）
主要设备	电力电缆 AC10kV，YJY，120，3，22		km	1.01	317021.5
	20kV及以下电缆终端 AC10kV，120mm²，3芯		套	2	402.28
	20kV及以下电缆中间接头 AC10kV，120mm²，3芯		套	4	1033.95

指标名称	10kV　1回　电缆截面120mm²以内　排管内敷设　同时建设6孔排管				
基价	建筑工程费	安装工程费	设备购置费	其他费用	基本预备费
338.61	224.45	3.73	33.19	67.37	9.86
主要设备及材料列表					
名称及规格型号		单位	数量	单价（元）	
主要设备	电力电缆　AC10kV，YJY，120，3，22	km	1.01	317021.5	
	20kV及以下电缆终端　AC10kV，120mm²，3芯	套	2	402.28	
	20kV及以下电缆中间接头　AC10kV，120mm²，3芯	套	4	1033.95	
主要材料	圆钢	kg	102710.06	4.67	
	混凝土	m³	804.08	341.68	

指标名称	10kV　2回　电缆截面120mm²以内　排管内敷设　同时建设6孔排管				
基价	建筑工程费	安装工程费	设备购置费	其他费用	基本预备费
378.39	224.45	7.45	66.39	69.08	11.02
主要设备及材料列表					
名称及规格型号		单位	数量	单价（元）	
主要设备	电力电缆　AC10kV，YJY，120，3，22	km	2.02	317021.5	

主要设备及材料列表				
名称及规格型号		单位	数量	单价（元）
主要设备	20kV 及以下电缆终端　AC10kV，120mm², 3 芯	套	4	402.28
	20kV 及以下电缆中间接头　AC10kV，120mm²，3 芯	套	8	1033.95
主要材料	圆钢	kg	102725.58	4.67
	混凝土	m³	804.08	341.68

指标编号：PZB4-115

指标单位：万元/km

指标名称	10kV　1 回　电缆截面 120mm² 以内　排管内敷设　同时建设 18 孔排管				
基价	建筑工程费	安装工程费	设备购置费	其他费用	基本预备费
556.52	390.02	3.73	33.19	113.38	16.21
主要设备及材料列表					
名称及规格型号			单位	数量	单价（元）
主要设备	电力电缆　AC10kV，YJY，120，3，22		km	1.01	317021.5
	20kV 及以下电缆终端　AC10kV，120mm²，3 芯		套	2	402.28
	20kV 及以下电缆中间接头　AC10kV，120mm²，3 芯		套	4	1033.95
主要材料	圆钢		kg	103655.98	4.67
	混凝土		m³	1336.81	341.68

指标名称	10kV　2回　电缆截面 120mm² 以内　排管内敷设　同时建设 18 孔排管				
基价	建筑工程费	安装工程费	设备购置费	其他费用	基本预备费
597.01	390.02	7.45	66.39	115.77	17.39
	主要设备及材料列表				
	名称及规格型号		单位	数量	单价（元）
主要设备	电力电缆　AC10kV，YJY，120，3，22		km	2.02	317021.5
	20kV 及以下电缆终端　AC10kV，120mm²，3 芯		套	4	402.28
	20kV 及以下电缆中间接头　AC10kV，120mm²，3 芯		套	8	1033.95
主要材料	圆钢		kg	103671.5	4.67
	混凝土		m³	1336.81	341.68

指标名称	10kV　3回　电缆截面 120mm² 以内　排管内敷设　同时建设 18 孔排管				
基价	建筑工程费	安装工程费	设备购置费	其他费用	基本预备费
646.86	390.02	11.18	108.32	118.51	18.84
	主要设备及材料列表				
	名称及规格型号		单位	数量	单价（元）
主要设备	电力电缆　AC10kV，YJY，120，3，22		km	3.3	317021.5

主要设备及材料列表				
	名称及规格型号	单位	数量	单价（元）
主要设备	20kV 及以下电缆终端　AC10kV，120mm², 3 芯	套	6	402.28
	20kV 及以下电缆中间接头　AC10kV，120mm², 3 芯	套	12	1033.95
主要材料	圆钢	kg	103687.02	4.67
	混凝土	m³	1336.81	341.68

指标编号：PZB4-118　　　　　　　　　　　　　　　　　　　　　　　指标单位：万元/km

指标名称	10kV　4 回　电缆截面 120mm² 以内　排管内敷设　同时建设 18 孔排管				
基价	建筑工程费	安装工程费	设备购置费	其他费用	基本预备费
677.94	390.02	14.9	132.77	120.51	19.75

主要设备及材料列表				
	名称及规格型号	单位	数量	单价（元）
主要设备	电力电缆　AC10kV，YJY，120，3，22	km	4.04	317021.5
	20kV 及以下电缆终端　AC10kV，120mm², 3 芯	套	8	402.28
	20kV 及以下电缆中间接头　AC10kV，120mm², 3 芯	套	16	1033.95
主要材料	圆钢	kg	103702.54	4.67
	混凝土	m³	1336.81	341.68

指标名称	10kV　5回　电缆截面 120mm² 以内　排管内敷设　同时建设 18 孔排管				
基价	建筑工程费	安装工程费	设备购置费	其他费用	基本预备费
718.38	390.02	18.63	165.96	122.85	20.92
主要设备及材料列表					
	名称及规格型号		单位	数量	单价（元）
主要设备	电力电缆　AC10kV，YJY，120，3，22		km	5.05	317021.5
	20kV 及以下电缆终端　AC10kV，120mm²，3 芯		套	10	402.28
	20kV 及以下电缆中间接头　AC10kV，120mm²，3 芯		套	20	1033.95
主要材料	圆钢		kg	103718.06	4.67
	混凝土		m³	1336.81	341.68

指标名称	10kV　6回　电缆截面 120mm² 以内　排管内敷设　同时建设 18 孔排管				
基价	建筑工程费	安装工程费	设备购置费	其他费用	基本预备费
758.8	390.02	22.35	199.16	125.17	22.1
主要设备及材料列表					
	名称及规格型号		单位	数量	单价（元）
主要设备	电力电缆　AC10kV，YJY，120，3，22		km	6.06	317021.5

	主要设备及材料列表			
	名称及规格型号	单位	数量	单价（元）
主要设备	20kV 及以下电缆终端 AC10kV，120mm², 3 芯	套	12	402.28
	20kV 及以下电缆中间接头 AC10kV，120mm², 3 芯	套	24	1033.95
主要材料	圆钢	kg	103733.58	4.67
	混凝土	m³	1336.81	341.68

指标编号：PZB4-121

指标单位：万元/km

指标名称	10kV 1 回 电缆截面 120mm² 以内 电缆沟内敷设 同时建设 砖砌 电缆沟道 单侧支架				
基价	建筑工程费	安装工程费	设备购置费	其他费用	基本预备费
382.46	264.15	3.73	33.19	70.25	11.14
	主要设备及材料列表				
	名称及规格型号	单位	数量	单价（元）	
主要设备	电力电缆 AC10kV，YJY，120，3，22	km	1.01	317021.5	
	20kV 及以下电缆终端 AC10kV，120mm², 3 芯	套	2	402.28	
	20kV 及以下电缆中间接头 AC10kV，120mm², 3 芯	套	4	1033.95	
主要材料	圆钢	kg	13522.83	4.67	
	混凝土	m³	655.88	341.68	
	钢材	kg	22479.71	5.11	

指标编号：PZB4-122　　　　　　　　　　　　　　　　　　　　　　　　　指标单位：万元/km

指标名称	10kV　2回　电缆截面120mm² 以内　电缆沟内敷设　同时建设砖砌　电缆沟道　单侧支架				
基价	建筑工程费	安装工程费	设备购置费	其他费用	基本预备费
422.91	264.15	7.45	66.39	72.6	12.32
主要设备及材料列表					
名称及规格型号		单位	数量	单价（元）	
主要设备	电力电缆　AC10kV，YJY，120，3，22	km	2.02	317021.5	
	20kV及以下电缆终端　AC10kV，120mm²，3芯	套	4	402.28	
	20kV及以下电缆中间接头　AC10kV，120mm²，3芯	套	8	1033.95	
主要材料	圆钢	kg	13538.35	4.67	
	混凝土	m³	655.88	341.68	
	钢材	kg	22479.71	5.11	

指标编号：PZB4-123　　　　　　　　　　　　　　　　　　　　　　　　　指标单位：万元/km

指标名称	10kV　3回　电缆截面120mm² 以内　电缆沟内敷设　同时建设砖砌　电缆沟道　单侧支架				
基价	建筑工程费	安装工程费	设备购置费	其他费用	基本预备费
463.33	264.15	11.18	99.58	74.93	13.5

主要设备及材料列表					
	名称及规格型号	单位	数量	单价（元）	
主要设备	电力电缆 AC10kV，YJY，120，3，22	km	3.03	317021.5	
	20kV 及以下电缆终端 AC10kV，120mm²，3 芯	套	6	402.28	
	20kV 及以下电缆中间接头 AC10kV，120mm²，3 芯	套	12	1033.95	
主要材料	圆钢	kg	13553.87	4.67	
	混凝土	m³	655.88	341.68	
	钢材	kg	22479.71	5.11	

指标编号：PZB4-124

指标单位：万元/km

指标名称	10kV 1 回 电缆截面 120mm² 以内 电缆沟内敷设 同时建设砖砌 电缆沟道 双侧支架				
基价	建筑工程费	安装工程费	设备购置费	其他费用	基本预备费
471.33	332.95	3.73	33.19	87.74	13.73
主要设备及材料列表					
	名称及规格型号	单位	数量	单价（元）	
主要设备	电力电缆 AC10kV，YJY，120，3，22	km	1.01	317021.5	
	20kV 及以下电缆终端 AC10kV，120mm²，3 芯	套	2	402.28	
	20kV 及以下电缆中间接头 AC10kV，120mm²，3 芯	套	4	1033.95	

主要设备及材料列表				
	名称及规格型号	单位	数量	单价（元）
主要材料	圆钢	kg	13522.83	4.67
	混凝土	m³	799.13	341.68
	钢材	kg	36303.37	5.11

指标编号：PZB4-125

指标单位：万元/km

指标名称	10kV　2回　电缆截面120mm²以内　电缆沟内敷设　同时建设　砖砌　电缆沟道　双侧支架				
基价	建筑工程费	安装工程费	设备购置费	其他费用	基本预备费
511.79	332.95	7.45	66.39	90.1	14.91
主要设备及材料列表					
	名称及规格型号	单位	数量	单价（元）	
主要设备	电力电缆　AC10kV，YJY，120，3，22	km	2.02	317021.5	
	20kV及以下电缆终端　AC10kV，120mm²，3芯	套	4	402.28	
	20kV及以下电缆中间接头　AC10kV，120mm²，3芯	套	8	1033.95	
主要材料	圆钢	kg	13538.35	4.67	
	混凝土	m³	799.13	341.68	
	钢材	kg	36303.37	5.11	

指标编号：PZB4-126   指标单位：万元/km

指标名称	10kV 3回 电缆截面120mm² 以内 电缆沟内敷设 同时建设砖砌 电缆沟道 双侧支架				
基价	建筑工程费	安装工程费	设备购置费	其他费用	基本预备费
552.18	332.95	11.18	99.58	92.4	16.08
主要设备及材料列表					
名称及规格型号		单位	数量	单价（元）	
主要设备	电力电缆 AC10kV，YJY，120，3，22	km	3.03	317021.5	
	20kV 及以下电缆终端 AC10kV，120mm²，3芯	套	6	402.28	
	20kV 及以下电缆中间接头 AC10kV，120mm²，3芯	套	12	1033.95	
主要材料	圆钢	kg	13553.87	4.67	
	混凝土	m³	799.13	341.68	
	钢材	kg	36303.37	5.11	

指标编号：PZB4-127   指标单位：万元/km

指标名称	10kV 4回 电缆截面120mm² 以内 电缆沟内敷设 同时建设砖砌 电缆沟道 双侧支架				
基价	建筑工程费	安装工程费	设备购置费	其他费用	基本预备费
592.56	332.95	14.9	132.77	94.68	17.26

<table>
<tr><th colspan="5">主要设备及材料列表</th></tr>
<tr><th colspan="2">名称及规格型号</th><th>单位</th><th>数量</th><th>单价（元）</th></tr>
<tr><td rowspan="3">主要设备</td><td>电力电缆 AC10kV，YJY，120，3，22</td><td>km</td><td>4.04</td><td>317021.5</td></tr>
<tr><td>20kV 及以下电缆终端 AC10kV，120mm²，3 芯</td><td>套</td><td>8</td><td>402.28</td></tr>
<tr><td>20kV 及以下电缆中间接头 AC10kV，120mm²，3 芯</td><td>套</td><td>16</td><td>1033.95</td></tr>
<tr><td rowspan="3">主要材料</td><td>圆钢</td><td>kg</td><td>13569.39</td><td>4.67</td></tr>
<tr><td>混凝土</td><td>m³</td><td>799.13</td><td>341.68</td></tr>
<tr><td>钢材</td><td>kg</td><td>36303.37</td><td>5.11</td></tr>
</table>

指标编号：PZB4-128　　　　　　　　　　　　　　　　　　　　　　　指标单位：万元/km

<table>
<tr><td>指标名称</td><td colspan="5">10kV　5 回　电缆截面 120mm² 以内　电缆沟内敷设　同时建设　砖砌　电缆沟道　双侧支架</td></tr>
<tr><td>基价</td><td>建筑工程费</td><td>安装工程费</td><td>设备购置费</td><td>其他费用</td><td>基本预备费</td></tr>
<tr><td>632.92</td><td>332.95</td><td>18.63</td><td>165.96</td><td>96.95</td><td>18.43</td></tr>
</table>

<table>
<tr><th colspan="5">主要设备及材料列表</th></tr>
<tr><th colspan="2">名称及规格型号</th><th>单位</th><th>数量</th><th>单价（元）</th></tr>
<tr><td rowspan="3">主要设备</td><td>电力电缆 AC10kV，YJY，120，3，22</td><td>km</td><td>5.05</td><td>317021.5</td></tr>
<tr><td>20kV 及以下电缆终端 AC10kV，120mm²，3 芯</td><td>套</td><td>10</td><td>402.28</td></tr>
<tr><td>20kV 及以下电缆中间接头 AC10kV，120mm²，3 芯</td><td>套</td><td>20</td><td>1033.95</td></tr>
</table>

主要设备及材料列表				
名称及规格型号		单位	数量	单价（元）
主要材料	圆钢	kg	13584.91	4.67
	混凝土	m³	799.13	341.68
	钢材	kg	36303.37	5.11

指标编号：PZB4-129

指标单位：万元/km

指标名称	10kV 6回 电缆截面120mm²以内 电缆沟内敷设 同时建设 砖砌 电缆沟道 双侧支架				
基价	建筑工程费	安装工程费	设备购置费	其他费用	基本预备费
673.25	332.95	22.35	199.16	99.19	19.61
主要设备及材料列表					
名称及规格型号			单位	数量	单价（元）
主要设备	电力电缆 AC10kV，YJY，120，3，22		km	6.06	317021.5
	20kV及以下电缆终端 AC10kV，120mm²，3芯		套	12	402.28
	20kV及以下电缆中间接头 AC10kV，120mm²，3芯		套	24	1033.95
主要材料	圆钢		kg	13600.43	4.67
	混凝土		m³	799.13	341.68
	钢材		kg	36303.37	5.11

指标名称	10kV　1回　电缆截面120mm² 以内　电缆沟内敷设　同时建设　现浇混凝土　开启式电缆沟道　单侧支架				
基价	建筑工程费	安装工程费	设备购置费	其他费用	基本预备费
606.78	437.86	3.73	33.19	114.33	17.67
主要设备及材料列表					
	名称及规格型号		单位	数量	单价（元）
主要设备	电力电缆　AC10kV，YJY，120，3，22		km	1.01	317021.5
	20kV 及以下电缆终端　AC10kV，120mm²，3芯		套	2	402.28
	20kV 及以下电缆中间接头　AC10kV，120mm²，3芯		套	4	1033.95
主要材料	圆钢		kg	194199.3	4.67
	混凝土		m³	1696.01	341.68
	钢材		kg	24419.66	5.11

指标名称	10kV　2回　电缆截面120mm² 以内　电缆沟内敷设　同时建设　现浇混凝土　开启式电缆沟道　单侧支架				
基价	建筑工程费	安装工程费	设备购置费	其他费用	基本预备费
647.13	437.86	7.45	66.39	116.59	18.85

主要设备及材料列表				
名称及规格型号		单位	数量	单价（元）
主要设备	电力电缆 AC10kV，YJY，120，3，22	km	2.02	317021.5
	20kV 及以下电缆终端 AC10kV，120mm²，3 芯	套	4	402.28
	20kV 及以下电缆中间接头 AC10kV，120mm²，3 芯	套	8	1033.95
主要材料	圆钢	kg	194214.82	4.67
	混凝土	m³	1696.01	341.68
	钢材	kg	24419.66	5.11

指标编号：PZB4-132

指标单位：万元/km

指标名称	10kV 3 回 电缆截面 120mm² 以内 电缆沟内敷设 同时建设现浇混凝土 开启式电缆沟道 单侧支架				
基价	建筑工程费	安装工程费	设备购置费	其他费用	基本预备费
687.47	437.86	11.18	99.58	118.84	20.02
主要设备及材料列表					
名称及规格型号			单位	数量	单价（元）
主要设备	电力电缆 AC10kV，YJY，120，3，22		km	3.03	317021.5
	20kV 及以下电缆终端 AC10kV，120mm²，3 芯		套	6	402.28
	20kV 及以下电缆中间接头 AC10kV，120mm²，3 芯		套	12	1033.95

主要设备及材料列表				
名称及规格型号		单位	数量	单价（元）
主要材料	圆钢	kg	194230.34	4.67
	混凝土	m³	1696.01	341.68
	钢材	kg	24419.66	5.11

指标编号：PZB4-133

指标单位：万元/km

指标名称	10kV　1回　电缆截面 120mm² 以内　电缆沟内敷设　同时建设现浇混凝土　开启式电缆沟道　双侧支架				
基价	建筑工程费	安装工程费	设备购置费	其他费用	基本预备费
723.87	528.61	3.73	33.19	137.25	21.08
主要设备及材料列表					
名称及规格型号		单位	数量	单价（元）	
主要设备	电力电缆　AC10kV，YJY，120，3，22	km	1.01	317021.5	
	20kV 及以下电缆终端　AC10kV，120mm²，3 芯	套	2	402.28	
	20kV 及以下电缆中间接头　AC10kV，120mm²，3 芯	套	4	1033.95	
主要材料	圆钢	kg	203675.88	4.67	
	混凝土	m³	1950.62	341.68	
	钢材	kg	43100.86	5.11	

指标编号：PZB4-134

指标名称	10kV　2回　电缆截面 120mm² 以内　电缆沟内敷设　同时建设现浇混凝土　开启式电缆沟道　双侧支架				
基价	建筑工程费	安装工程费	设备购置费	其他费用	基本预备费
764.18	528.61	7.45	66.39	139.48	22.26

主要设备及材料列表					
名称及规格型号		单位	数量	单价（元）	
主要设备	电力电缆　AC10kV，YJY，120，3，22	km	2.02	317021.5	
	20kV 及以下电缆终端　AC10kV，120mm²，3 芯	套	4	402.28	
	20kV 及以下电缆中间接头　AC10kV，120mm²，3 芯	套	8	1033.95	
主要材料	圆钢	kg	203691.4	4.67	
	混凝土	m³	1950.62	341.68	
	钢材	kg	43100.86	5.11	

指标编号：PZB4-135

指标单位：万元/km

指标名称	10kV　3回　电缆截面 120mm² 以内　电缆沟内敷设　同时建设现浇混凝土　开启式电缆沟道　双侧支架				
基价	建筑工程费	安装工程费	设备购置费	其他费用	基本预备费
804.48	528.61	11.18	99.58	141.68	23.43

主要设备及材料列表				
名称及规格型号		单位	数量	单价（元）
主要设备	电力电缆　AC10kV，YJY，120，3，22	km	3.03	317021.5
	20kV 及以下电缆终端　AC10kV，120mm²，3 芯	套	6	402.28
	20kV 及以下电缆中间接头　AC10kV，120mm²，3 芯	套	12	1033.95
主要材料	圆钢	kg	203706.92	4.67
	混凝土	m³	1950.62	341.68
	钢材	kg	43100.86	5.11

指标编号：PZB4-136　　　　　　　　　　　　　　　　　　　　　　指标单位：万元/km

指标名称	10kV　4 回　电缆截面 120mm² 以内　电缆沟内敷设　同时建设现浇混凝土　开启式电缆沟道　双侧支架			
基价	建筑工程费	安装工程费	设备购置费	其他费用	基本预备费
844.76	528.61	14.9	132.77	143.87	24.6

主要设备及材料列表				
名称及规格型号		单位	数量	单价（元）
主要设备	电力电缆　AC10kV，YJY，120，3，22	km	4.04	317021.5
	20kV 及以下电缆终端　AC10kV，120mm²，3 芯	套	8	402.28
	20kV 及以下电缆中间接头　AC10kV，120mm²，3 芯	套	16	1033.95

主要设备及材料列表				
名称及规格型号		单位	数量	单价（元）
主要材料	圆钢	kg	203722.44	4.67
	混凝土	m³	1950.62	341.68
	钢材	kg	43100.86	5.11

指标编号：PZB4-137

指标单位：万元/km

指标名称	10kV　5回　电缆截面120mm²以内　电缆沟内敷设　同时建设现浇混凝土　开启式电缆沟道　双侧支架				
基价	建筑工程费	安装工程费	设备购置费	其他费用	基本预备费
885.02	528.61	18.63	165.96	146.04	25.78

主要设备及材料列表				
名称及规格型号		单位	数量	单价（元）
主要设备	电力电缆　AC10kV，YJY，120，3，22	km	5.05	317021.5
	20kV及以下电缆终端　AC10kV，120mm²，3芯	套	10	402.28
	20kV及以下电缆中间接头　AC10kV，120mm²，3芯	套	20	1033.95
主要材料	圆钢	kg	203737.96	4.67
	混凝土	m³	1950.62	341.68
	钢材	kg	43100.86	5.11

指标名称	10kV　6回　电缆截面120mm² 以内　电缆沟内敷设　同时建设现浇混凝土　开启式电缆沟道　双侧支架				
基价	建筑工程费	安装工程费	设备购置费	其他费用	基本预备费
925.26	528.61	22.35	199.16	148.2	26.95
主要设备及材料列表					
	名称及规格型号		单位	数量	单价（元）
主要设备	电力电缆　AC10kV，YJY，120，3，22		km	6.06	317021.5
	20kV 及以下电缆终端　AC10kV，120mm²，3 芯		套	12	402.28
	20kV 及以下电缆中间接头　AC10kV，120mm²，3 芯		套	24	1033.95
主要材料	圆钢		kg	203753.48	4.67
	混凝土		m³	1950.62	341.68
	钢材		kg	43100.86	5.11

指标名称	10kV 电缆截面240mm² 以内　排管或沟隧道内敷设　不含电缆土建				
基价	建筑工程费	安装工程费	设备购置费	其他费用	基本预备费
82.73		5.17	68.61	6.54	2.41

主要设备及材料列表				
名称及规格型号		单位	数量	单价（元）
主要设备	电力电缆　AC10kV，YJY，240，3，22	km	1.01	659479.3
	20kV 及以下电缆终端　AC10kV，240mm²，3 芯	套	2	459.91
	20kV 及以下电缆中间接头　AC10kV，240mm²，3 芯	套	4	1270.12

指标编号：PZB4-140　　　　　　　　　　　　　　　　　　　　　　　　指标单位：万元/km

指标名称	10kV　1 回　电缆截面 240mm² 以内　排管内敷设　同时建设 6 孔排管				
基价	建筑工程费	安装工程费	设备购置费	其他费用	基本预备费
377.88	224.45	5.17	68.61	68.64	11.01
主要设备及材料列表					
名称及规格型号		单位	数量	单价（元）	
主要设备	电力电缆　AC10kV，YJY，240，3，22	km	1.01	659479.3	
	20kV 及以下电缆终端　AC10kV，240mm²，3 芯	套	2	459.91	
	20kV 及以下电缆中间接头　AC10kV，240mm²，3 芯	套	4	1270.12	
主要材料	圆钢	kg	102706.96	4.67	
	混凝土	m³	804.08	341.68	

指标名称	10kV 2回 电缆截面240mm²以内 排管内敷设 同时建设6孔排管				
基价	建筑工程费	安装工程费	设备购置费	其他费用	基本预备费
458.42	224.45	10.33	137.22	73.06	13.35
主要设备及材料列表					
	名称及规格型号		单位	数量	单价（元）
主要设备	电力电缆 AC10kV，YJY，240，3，22		km	2.02	659479.3
	20kV及以下电缆终端 AC10kV，240mm²，3芯		套	4	459.91
	20kV及以下电缆中间接头 AC10kV，240mm²，3芯		套	8	1270.12
主要材料	圆钢		kg	102719.37	4.67
	混凝土		m³	804.08	341.68

指标名称	10kV 1回 电缆截面240mm²以内 排管内敷设 同时建设18孔排管				
基价	建筑工程费	安装工程费	设备购置费	其他费用	基本预备费
596.5	390.02	5.17	68.61	115.33	17.37
主要设备及材料列表					
	名称及规格型号		单位	数量	单价（元）
主要设备	电力电缆 AC10kV，YJY，240，3，22		km	1.01	659479.3

主要设备及材料列表				
名称及规格型号		单位	数量	单价（元）
主要设备	20kV 及以下电缆终端 AC10kV，240mm², 3 芯	套	2	459.91
	20kV 及以下电缆中间接头 AC10kV，240mm², 3 芯	套	4	1270.12
主要材料	圆钢	kg	103652.88	4.67
	混凝土	m³	1336.81	341.68

指标编号：PZB4-143   指标单位：万元/km

指标名称	10kV 2 回 电缆截面 240mm² 以内 排管内敷设 同时建设 18 孔排管				
基价	建筑工程费	安装工程费	设备购置费	其他费用	基本预备费
676.92	390.02	10.33	137.22	119.63	19.72
主要设备及材料列表					
名称及规格型号			单位	数量	单价（元）
主要设备	电力电缆 AC10kV，YJY，240，3，22		km	2.02	659479.3
	20kV 及以下电缆终端 AC10kV，240mm²，3 芯		套	4	459.91
	20kV 及以下电缆中间接头 AC10kV，240mm²，3 芯		套	8	1270.12
主要材料	圆钢		kg	103665.3	4.67
	混凝土		m³	1336.81	341.68

指标名称	10kV　3回　电缆截面240mm² 以内　排管内敷设　同时建设18孔排管				
基价	建筑工程费	安装工程费	设备购置费	其他费用	基本预备费
757.27	390.02	15.5	205.84	123.86	22.06
主要设备及材料列表					
名称及规格型号		单位	数量	单价（元）	
主要设备	电力电缆　AC10kV，YJY，240，3，22	km	3.03	659479.3	
	20kV 及以下电缆终端　AC10kV，240mm²，3芯	套	6	459.91	
	20kV 及以下电缆中间接头　AC10kV，240mm²，3芯	套	12	1270.12	
主要材料	圆钢	kg	103677.71	4.67	
	混凝土	m³	1336.81	341.68	

指标名称	10kV　4回　电缆截面240mm² 以内　排管内敷设　同时建设18孔排管				
基价	建筑工程费	安装工程费	设备购置费	其他费用	基本预备费
837.63	390.02	20.67	274.45	128.1	24.4
主要设备及材料列表					
名称及规格型号		单位	数量	单价（元）	
主要设备	电力电缆　AC10kV，YJY，240，3，22	km	4.04	659479.3	

主要设备及材料列表				
名称及规格型号		单位	数量	单价（元）
主要设备	20kV 及以下电缆终端　AC10kV，240mm², 3 芯	套	8	459.91
	20kV 及以下电缆中间接头　AC10kV，240mm², 3 芯	套	16	1270.12
主要材料	圆钢	kg	103690.13	4.67
	混凝土	m³	1336.81	341.68

指标编号：PZB4-146 　　　　　　　　　　　　　　　　　　　　　　　　指标单位：万元/km

指标名称	10kV　5 回　电缆截面 240mm² 以内　排管内敷设　同时建设 18 孔排管				
基价	建筑工程费	安装工程费	设备购置费	其他费用	基本预备费
917.83	390.02	25.83	343.06	132.19	26.73
主要设备及材料列表					
名称及规格型号		单位	数量	单价（元）	
主要设备	电力电缆　AC10kV，YJY，240，3，22	km	5.05	659479.3	
	20kV 及以下电缆终端　AC10kV，240mm², 3 芯	套	10	459.91	
	20kV 及以下电缆中间接头　AC10kV，240mm², 3 芯	套	20	1270.12	
主要材料	圆钢	kg	103702.54	4.67	
	混凝土	m³	1336.81	341.68	

指标名称	10kV 6回 电缆截面240mm²以内 排管内敷设 同时建设18孔排管				
基价	建筑工程费	安装工程费	设备购置费	其他费用	基本预备费
997.96	390.02	31	411.67	136.21	29.07
主要设备及材料列表					
名称及规格型号		单位	数量	单价（元）	
主要设备	电力电缆 AC10kV，YJY，240，3，22	km	6.06	659479.3	
	20kV及以下电缆终端 AC10kV，240mm²，3芯	套	12	459.91	
	20kV及以下电缆中间接头 AC10kV，240mm²，3芯	套	24	1270.12	
主要材料	圆钢	kg	103714.96	4.67	
	混凝土	m³	1336.81	341.68	

指标名称	10kV 1回 电缆截面240mm²以内 电缆沟内敷设 同时建设砖砌 电缆沟道 单侧支架				
基价	建筑工程费	安装工程费	设备购置费	其他费用	基本预备费
422.47	264.15	5.17	68.61	72.23	12.3
主要设备及材料列表					
名称及规格型号		单位	数量	单价（元）	
主要设备	电力电缆 AC10kV，YJY，240，3，22	km	1.01	659479.3	

主要设备及材料列表				
	名称及规格型号	单位	数量	单价（元）
主要设备	20kV 及以下电缆终端　AC10kV，240mm², 3 芯	套	2	459.91
	20kV 及以下电缆中间接头　AC10kV，240mm², 3 芯	套	4	1270.12
主要材料	圆钢	kg	13519.72	4.67
	混凝土	m³	655.88	341.68
	钢材	kg	22479.71	5.11

指标编号：PZB4-149 　　　　　　　　　　　　　　　　　　　　　　　指标单位：万元/km

指标名称	10kV　2 回　电缆截面 240mm² 以内　电缆沟内敷设　同时建设砖砌　电缆沟道　单侧支架				
基价	建筑工程费		安装工程费	设备购置费	其他费用	基本预备费
504.31	264.15		10.33	138.57	76.57	14.69

主要设备及材料列表				
	名称及规格型号	单位	数量	单价（元）
主要设备	电力电缆　AC10kV，YJY，240，3，22	km	2.04	659479.3
	20kV 及以下电缆终端　AC10kV，240mm², 3 芯	套	4	459.91
	20kV 及以下电缆中间接头　AC10kV，240mm², 3 芯	套	8	1270.12
主要材料	圆钢	kg	13532.14	4.67
	混凝土	m³	655.88	341.68
	钢材	kg	22479.71	5.11

指标名称	10kV　3回　电缆截面240mm² 以内　电缆沟内敷设　同时建设　砖砌　电缆沟道　单侧支架				
基价	建筑工程费	安装工程费	设备购置费	其他费用	基本预备费
583.23	264.15	15.5	205.84	80.76	16.99
主要设备及材料列表					
	名称及规格型号		单位	数量	单价（元）
主要设备	电力电缆　AC10kV，YJY，240，3，22		km	3.03	659479.3
	20kV 及以下电缆终端　AC10kV，240mm²，3芯		套	6	459.91
	20kV 及以下电缆中间接头　AC10kV，240mm²，3芯		套	12	1270.12
主要材料	圆钢		kg	13544.56	4.67
	混凝土		m³	655.88	341.68
	钢材		kg	22479.71	5.11

指标名称	10kV　1回　电缆截面240mm² 以内　电缆沟内敷设　同时建设　砖砌　电缆沟道　双侧支架				
基价	建筑工程费	安装工程费	设备购置费	其他费用	基本预备费
511.35	332.95	5.17	68.61	89.73	14.89

<table>
<tr><td colspan="5">主要设备及材料列表</td></tr>
<tr><td colspan="2">名称及规格型号</td><td>单位</td><td>数量</td><td>单价（元）</td></tr>
<tr><td rowspan="3">主要设备</td><td>电力电缆　AC10kV，YJY，240，3，22</td><td>km</td><td>1.01</td><td>659479.3</td></tr>
<tr><td>20kV 及以下电缆终端　AC10kV，240mm², 3 芯</td><td>套</td><td>2</td><td>459.91</td></tr>
<tr><td>20kV 及以下电缆中间接头　AC10kV，240mm², 3 芯</td><td>套</td><td>4</td><td>1270.12</td></tr>
<tr><td rowspan="3">主要材料</td><td>圆钢</td><td>kg</td><td>13519.72</td><td>4.67</td></tr>
<tr><td>混凝土</td><td>m³</td><td>799.13</td><td>341.68</td></tr>
<tr><td>钢材</td><td>kg</td><td>36303.37</td><td>5.11</td></tr>
</table>

指标编号：PZB4-152　　　　　　　　　　　　　　　　　　　　　　　指标单位：万元/km

<table>
<tr><td>指标名称</td><td colspan="5">10kV　2回　电缆截面 240mm² 以内　电缆沟内敷设　同时建设砖砌　电缆沟道　双侧支架</td></tr>
<tr><td>基价</td><td>建筑工程费</td><td>安装工程费</td><td>设备购置费</td><td>其他费用</td><td>基本预备费</td></tr>
<tr><td>591.67</td><td>332.95</td><td>10.33</td><td>137.22</td><td>93.94</td><td>17.23</td></tr>
<tr><td colspan="6">主要设备及材料列表</td></tr>
<tr><td colspan="2">名称及规格型号</td><td>单位</td><td>数量</td><td colspan="2">单价（元）</td></tr>
<tr><td rowspan="3">主要设备</td><td>电力电缆　AC10kV，YJY，240，3，22</td><td>km</td><td>2.02</td><td colspan="2">659479.3</td></tr>
<tr><td>20kV 及以下电缆终端　AC10kV，240mm², 3 芯</td><td>套</td><td>4</td><td colspan="2">459.91</td></tr>
<tr><td>20kV 及以下电缆中间接头　AC10kV，240mm², 3 芯</td><td>套</td><td>8</td><td colspan="2">1270.12</td></tr>
</table>

主要设备及材料列表				
名称及规格型号		单位	数量	单价（元）
主要材料	圆钢	kg	13532.14	4.67
	混凝土	m³	799.13	341.68
	钢材	kg	36303.37	5.11

指标编号：PZB4-153

指标单位：万元/km

指标名称	10kV　3回　电缆截面240mm²以内　电缆沟内敷设　同时建设　砖砌　电缆沟道　双侧支架				
基价	建筑工程费	安装工程费	设备购置费	其他费用	基本预备费
671.92	332.95	15.5	205.84	98.07	19.57
主要设备及材料列表					
名称及规格型号		单位	数量	单价（元）	
主要设备	电力电缆　AC10kV，YJY，240，3，22	km	3.03	659479.3	
	20kV及以下电缆终端　AC10kV，240mm²，3芯	套	6	459.91	
	20kV及以下电缆中间接头　AC10kV，240mm²，3芯	套	12	1270.12	
主要材料	圆钢	kg	13544.56	4.67	
	混凝土	m³	799.13	341.68	
	钢材	kg	36303.37	5.11	

指标名称	10kV　4回　电缆截面240mm^{2}以内　电缆沟内敷设　同时建设　砖砌　电缆沟道　双侧支架				
基价	建筑工程费	安装工程费	设备购置费	其他费用	基本预备费
752.1	332.95	20.67	274.45	102.14	21.91
主要设备及材料列表					
名称及规格型号		单位	数量	单价（元）	
主要设备	电力电缆　AC10kV，YJY，240，3，22	km	4.04	659479.3	
	20kV及以下电缆终端　AC10kV，240mm^2，3芯	套	8	459.91	
	20kV及以下电缆中间接头　AC10kV，240mm^2，3芯	套	16	1270.12	
主要材料	圆钢	kg	13556.97	4.67	
	混凝土	m^3	799.13	341.68	
	钢材	kg	36303.37	5.11	

指标名称	10kV　5回　电缆截面240mm^{2}以内　电缆沟内敷设　同时建设　砖砌　电缆沟道　双侧支架				
基价	建筑工程费	安装工程费	设备购置费	其他费用	基本预备费
832.29	332.95	25.83	343.06	106.21	24.24

主要设备及材料列表				
名称及规格型号		单位	数量	单价（元）
主要设备	电力电缆　AC10kV，YJY，240，3，22	km	5.05	659479.3
	20kV 及以下电缆终端　AC10kV，240mm², 3 芯	套	10	459.91
	20kV 及以下电缆中间接头　AC10kV，240mm², 3 芯	套	20	1270.12
主要材料	圆钢	kg	13569.39	4.67
	混凝土	m³	799.13	341.68
	钢材	kg	36303.37	5.11

指标编号：PZB4-156　　　　　　　　　　　　　　　　　　　　　　　　指标单位：万元/km

指标名称	10kV　6 回　电缆截面 240mm² 以内　电缆沟内敷设　同时建设　砖砌　电缆沟道　双侧支架				
基价	建筑工程费	安装工程费	设备购置费	其他费用	基本预备费
912.33	332.95	31	411.67	110.14	26.57
主要设备及材料列表					
名称及规格型号		单位	数量	单价（元）	
主要设备	电力电缆　AC10kV，YJY，240，3，22	km	6.06	659479.3	
	20kV 及以下电缆终端　AC10kV，240mm², 3 芯	套	12	459.91	
	20kV 及以下电缆中间接头　AC10kV，240mm², 3 芯	套	24	1270.12	

续表

<table>
<tr><td colspan="5" style="text-align:center">主要设备及材料列表</td></tr>
<tr><td colspan="2" style="text-align:center">名称及规格型号</td><td>单位</td><td>数量</td><td>单价（元）</td></tr>
<tr><td rowspan="3">主要材料</td><td>圆钢</td><td>kg</td><td>13581.8</td><td>4.67</td></tr>
<tr><td>混凝土</td><td>m³</td><td>799.13</td><td>341.68</td></tr>
<tr><td>钢材</td><td>kg</td><td>36303.37</td><td>5.11</td></tr>
</table>

指标编号：PZB4-157　　　　　　　　　　　　　　　　　　　　　　　指标单位：万元/km

<table>
<tr><td>指标名称</td><td colspan="5">10kV　1回　电缆截面240mm² 以内　电缆沟内敷设　同时建设　现浇混凝土　开启式电缆沟道　单侧支架</td></tr>
<tr><td>基价</td><td>建筑工程费</td><td>安装工程费</td><td>设备购置费</td><td>其他费用</td><td>基本预备费</td></tr>
<tr><td>646.69</td><td>437.86</td><td>5.17</td><td>68.61</td><td>116.22</td><td>18.84</td></tr>
<tr><td colspan="6" style="text-align:center">主要设备及材料列表</td></tr>
<tr><td colspan="2" style="text-align:center">名称及规格型号</td><td>单位</td><td>数量</td><td colspan="2">单价（元）</td></tr>
<tr><td rowspan="3">主要设备</td><td>电力电缆　AC10kV，YJY，240，3，22</td><td>km</td><td>1.01</td><td colspan="2">659479.3</td></tr>
<tr><td>20kV 及以下电缆终端　AC10kV，240mm²，3 芯</td><td>套</td><td>2</td><td colspan="2">459.91</td></tr>
<tr><td>20kV 及以下电缆中间接头　AC10kV，240mm²，3 芯</td><td>套</td><td>4</td><td colspan="2">1270.12</td></tr>
<tr><td rowspan="3">主要材料</td><td>圆钢</td><td>kg</td><td>194196.2</td><td colspan="2">4.67</td></tr>
<tr><td>混凝土</td><td>m³</td><td>1696.01</td><td colspan="2">341.68</td></tr>
<tr><td>钢材</td><td>kg</td><td>24419.66</td><td colspan="2">5.11</td></tr>
</table>

指标名称	10kV 2回 电缆截面240mm² 以内 电缆沟内敷设 同时建设 现浇混凝土 开启式电缆沟道 单侧支架				
基价	建筑工程费	安装工程费	设备购置费	其他费用	基本预备费
726.98	437.86	10.33	137.22	120.4	21.17
主要设备及材料列表					
名称及规格型号		单位	数量	单价（元）	
主要设备	电力电缆 AC10kV，YJY，240，3，22	km	2.02	659479.3	
	20kV 及以下电缆终端 AC10kV，240mm²，3 芯	套	4	459.91	
	20kV 及以下电缆中间接头 AC10kV，240mm²，3 芯	套	8	1270.12	
主要材料	圆钢	kg	194208.62	4.67	
	混凝土	m³	1696.01	341.68	
	钢材	kg	24419.66	5.11	

指标名称	10kV 3回 电缆截面240mm² 以内 电缆沟内敷设 同时建设现浇混凝土 开启式电缆沟道 单侧支架				
基价	建筑工程费	安装工程费	设备购置费	其他费用	基本预备费
807.14	437.86	15.5	205.84	124.43	23.51

主要设备及材料列表				
名称及规格型号		单位	数量	单价（元）
主要设备	电力电缆 AC10kV，YJY，240，3，22	km	3.03	659479.3
	20kV 及以下电缆终端 AC10kV，240mm²，3 芯	套	6	459.91
	20kV 及以下电缆中间接头 AC10kV，240mm²，3 芯	套	12	1270.12
主要材料	圆钢	kg	194221.03	4.67
	混凝土	m³	1696.01	341.68
	钢材	kg	24419.66	5.11

指标编号：PZB4-160　　　　　　　　　　　　　　　　　　　　　　　　　指标单位：万元/km

指标名称	10kV　1 回　电缆截面 240mm² 以内　电缆沟内敷设　同时建设现浇混凝土　开启式电缆沟道　双侧支架				
基价	建筑工程费	安装工程费	设备购置费	其他费用	基本预备费
763.74	528.61	5.17	68.61	139.1	22.24
主要设备及材料列表					
名称及规格型号			单位	数量	单价（元）
主要设备	电力电缆 AC10kV，YJY，240，3，22		km	1.01	659479.3
	20kV 及以下电缆终端 AC10kV，240mm²，3 芯		套	2	459.91
	20kV 及以下电缆中间接头 AC10kV，240mm²，3 芯		套	4	1270.12

主要设备及材料列表				
名称及规格型号		单位	数量	单价（元）
主要材料	圆钢	kg	203672.78	4.67
	混凝土	m³	1950.62	341.68
	钢材	kg	43100.86	5.11

指标编号：PZB4-161　　　　　　　　　　　　　　　　　　　　　　　指标单位：万元/km

指标名称	10kV　2回　电缆截面 240mm² 以内　电缆沟内敷设　同时建设　现浇混凝土　开启式电缆沟道　双侧支架				
基价	建筑工程费	安装工程费	设备购置费	其他费用	基本预备费
843.87	528.61	10.33	137.22	143.13	24.58
主要设备及材料列表					
名称及规格型号		单位	数量	单价（元）	
主要设备	电力电缆　AC10kV，YJY，240，3，22	km	2.02	659479.3	
	20kV 及以下电缆终端　AC10kV，240mm²，3 芯	套	4	459.91	
	20kV 及以下电缆中间接头　AC10kV，240mm²，3 芯	套	8	1270.12	
主要材料	圆钢	kg	203685.19	4.67	
	混凝土	m³	1950.62	341.68	
	钢材	kg	43100.86	5.11	

指标名称	10kV 3回 电缆截面240mm² 以内 电缆沟内敷设 同时建设 现浇混凝土 开启式电缆沟道 双侧支架				
基价	建筑工程费	安装工程费	设备购置费	其他费用	基本预备费
923.93	528.61	15.5	205.84	147.08	26.91
主要设备及材料列表					
	名称及规格型号		单位	数量	单价（元）
主要设备	电力电缆　AC10kV，YJY，240，3，22		km	3.03	659479.3
	20kV 及以下电缆终端　AC10kV，240mm²，3 芯		套	6	459.91
	20kV 及以下电缆中间接头　AC10kV，240mm²，3 芯		套	12	1270.12
主要材料	圆钢		kg	203697.61	4.67
	混凝土		m³	1950.62	341.68
	钢材		kg	43100.86	5.11

指标名称	10kV 4回 电缆截面240mm² 以内 电缆沟内敷设 同时建设现浇混凝土 开启式电缆沟道 双侧支架				
基价	建筑工程费	安装工程费	设备购置费	其他费用	基本预备费
1004.02	528.61	20.67	274.45	151.05	29.24

主要设备及材料列表					
	名称及规格型号	单位	数量	单价（元）	
主要设备	电力电缆　AC10kV，YJY，240，3，22	km	4.04	659479.3	
	20kV 及以下电缆终端　AC10kV，240mm²，3 芯	套	8	459.91	
	20kV 及以下电缆中间接头　AC10kV，240mm²，3 芯	套	16	1270.12	
主要材料	圆钢	kg	203710.02	4.67	
	混凝土	m³	1950.62	341.68	
	钢材	kg	43100.86	5.11	

指标编号：PZB4-164　　　　　　　　　　　　　　　　　　　　　　　　　　　　　　　　指标单位：万元/km

指标名称	10kV　5 回　电缆截面 240mm² 以内　电缆沟内敷设　同时建设　现浇混凝土　开启式电缆沟道　双侧支架				
基价	建筑工程费	安装工程费	设备购置费	其他费用	基本预备费
1083.94	528.61	25.83	343.06	154.87	31.57
主要设备及材料列表					
	名称及规格型号	单位	数量	单价（元）	
主要设备	电力电缆　AC10kV，YJY，240，3，22	km	5.05	659479.3	
	20kV 及以下电缆终端　AC10kV，240mm²，3 芯	套	10	459.91	
	20kV 及以下电缆中间接头　AC10kV，240mm²，3 芯	套	20	1270.12	

主要设备及材料列表				
名称及规格型号		单位	数量	单价（元）
主要材料	圆钢	kg	203722.44	4.67
	混凝土	m³	1950.62	341.68
	钢材	kg	43100.86	5.11

指标编号：PZB4-165　　　　　　　　　　　　　　　　　　　　　　指标单位：万元/km

指标名称	10kV　6回　电缆截面240mm²以内　电缆沟内敷设　同时建设现浇混凝土　开启式电缆沟道　双侧支架				
基价	建筑工程费	安装工程费	设备购置费	其他费用	基本预备费
1163.79	528.61	31	411.67	158.61	33.9

主要设备及材料列表				
名称及规格型号		单位	数量	单价（元）
主要设备	电力电缆　AC10kV，YJY，240，3，22	km	6.06	659479.3
	20kV及以下电缆终端　AC10kV，240mm²，3芯	套	12	459.91
	20kV及以下电缆中间接头　AC10kV，240mm²，3芯	套	24	1270.12
主要材料	圆钢	kg	203734.86	4.67
	混凝土	m³	1950.62	341.68
	钢材	kg	43100.86	5.11

指标名称	10kV 电缆截面 300mm² 以内　排管或沟隧道内敷设　不含电缆土建				
基价	建筑工程费	安装工程费	设备购置费	其他费用	基本预备费
99.1		5.17	83.72	7.33	2.89
主要设备及材料列表					
名称及规格型号			单位	数量	单价（元）
主要设备	电力电缆　AC10kV，YJY，300，3，22		km	1.01	805769.1
	20kV 及以下电缆终端　AC10kV，300mm²，3 芯		套	2	552.57
	20kV 及以下电缆中间接头　AC10kV，300mm²，3 芯		套	4	1281.42

指标名称	10kV　1 回　电缆截面 300mm² 以内　排管内敷设　同时建设 6 孔排管				
基价	建筑工程费	安装工程费	设备购置费	其他费用	基本预备费
394.13	224.45	5.17	83.72	69.31	11.48
主要设备及材料列表					
名称及规格型号			单位	数量	单价（元）
主要设备	电力电缆　AC10kV，YJY，300，3，22		km	1.01	805769.1
	20kV 及以下电缆终端　AC10kV，300mm²，3 芯		套	2	552.57
	20kV 及以下电缆中间接头　AC10kV，300mm²，3 芯		套	4	1281.42

主要设备及材料列表				
名称及规格型号		单位	数量	单价（元）
主要材料	圆钢	kg	102706.96	4.67
	混凝土	m³	804.08	341.68

指标编号：PZB4-168　　　　　　　　　　　　　　　　　　　　　　　指标单位：万元/km

指标名称	10kV　2回　电缆截面300mm²以内　排管内敷设　同时建设6孔排管				
基价	建筑工程费	安装工程费	设备购置费	其他费用	基本预备费
491.02	224.45	10.33	167.44	74.49	14.3

主要设备及材料列表				
名称及规格型号		单位	数量	单价（元）
主要设备	电力电缆　AC10kV，YJY，300，3，22	km	2.02	805769.1
	20kV及以下电缆终端　AC10kV，300mm²，3芯	套	4	552.57
	20kV及以下电缆中间接头　AC10kV，300mm²，3芯	套	8	1281.42
主要材料	圆钢	kg	102719.37	4.67
	混凝土	m³	804.08	341.68

指标名称	10kV　1回　电缆截面 300mm² 以内　排管内敷设　同时建设 18 孔排管				
基价	建筑工程费	安装工程费	设备购置费	其他费用	基本预备费
612.76	390.02	5.17	83.72	116.01	17.85
主要设备及材料列表					
名称及规格型号			单位	数量	单价（元）
主要设备	电力电缆　AC10kV，YJY，300，3，22		km	1.01	805769.1
	20kV 及以下电缆终端　AC10kV，300mm²，3 芯		套	2	552.57
	20kV 及以下电缆中间接头　AC10kV，300mm²，3 芯		套	4	1281.42
主要材料	圆钢		kg	103652.88	4.67
	混凝土		m³	1336.81	341.68

指标名称	10kV　2回　电缆截面 300mm² 以内　排管内敷设　同时建设 18 孔排管				
基价	建筑工程费	安装工程费	设备购置费	其他费用	基本预备费
709.4	390.02	10.33	167.44	120.94	20.66
主要设备及材料列表					
名称及规格型号			单位	数量	单价（元）
主要设备	电力电缆　AC10kV，YJY，300，3，22		km	2.02	805769.1

主要设备及材料列表				
	名称及规格型号	单位	数量	单价（元）
主要设备	20kV 及以下电缆终端　AC10kV，300mm², 3 芯	套	4	552.57
	20kV 及以下电缆中间接头　AC10kV，300mm², 3 芯	套	8	1281.42
主要材料	圆钢	kg	103665.3	4.67
	混凝土	m³	1336.81	341.68

指标编号：PZB4-171　　　　　　　　　　　　　　　　　　　　　　　　指标单位：万元/km

指标名称	10kV　3 回　电缆截面 300mm² 以内　排管内敷设　同时建设 18 孔排管				
基价	建筑工程费	安装工程费	设备购置费	其他费用	基本预备费
806	390.02	15.5	251.16	125.85	23.48
主要设备及材料列表				
	名称及规格型号	单位	数量	单价（元）
主要设备	电力电缆　AC10kV，YJY，300，3，22	km	3.03	805769.1
	20kV 及以下电缆终端　AC10kV，300mm², 3 芯	套	6	552.57
	20kV 及以下电缆中间接头　AC10kV，300mm², 3 芯	套	12	1281.42
主要材料	圆钢	kg	103677.71	4.67
	混凝土	m³	1336.81	341.68

指标名称	10kV　4回　电缆截面 300mm² 以内　排管内敷设　同时建设 18 孔排管				
基价	建筑工程费	安装工程费	设备购置费	其他费用	基本预备费
902.43	390.02	20.67	334.88	130.58	26.28
主要设备及材料列表					
	名称及规格型号		单位	数量	单价（元）
主要设备	电力电缆　AC10kV，YJY，300，3，22		km	4.04	805769.1
	20kV 及以下电缆终端　AC10kV，300mm²，3 芯		套	8	552.57
	20kV 及以下电缆中间接头　AC10kV，300mm²，3 芯		套	16	1281.42
主要材料	圆钢		kg	103690.13	4.67
	混凝土		m³	1336.81	341.68

指标名称	10kV　5回　电缆截面 300mm² 以内　排管内敷设　同时建设 18 孔排管				
基价	建筑工程费	安装工程费	设备购置费	其他费用	基本预备费
998.85	390.02	25.83	418.6	135.3	29.09
主要设备及材料列表					
	名称及规格型号		单位	数量	单价（元）
主要设备	电力电缆　AC10kV，YJY，300，3，22		km	5.05	805769.1

主要设备及材料列表					
	名称及规格型号	单位	数量	单价（元）
主要设备	20kV 及以下电缆终端　AC10kV，300mm²，3 芯	套	10	552.57
	20kV 及以下电缆中间接头　AC10kV，300mm²，3 芯	套	20	1281.42
主要材料	圆钢	kg	103702.54	4.67
	混凝土	m³	1336.81	341.68

指标编号：PZB4-174　　　　　　　　　　　　　　　　　　　　　　　　指标单位：万元/km

指标名称	10kV　6 回　电缆截面 300mm² 以内　排管内敷设　同时建设 18 孔排管				
基价	建筑工程费	安装工程费	设备购置费	其他费用	基本预备费
1095.06	390.02	31	502.32	139.83	31.89
主要设备及材料列表					
	名称及规格型号	单位	数量	单价（元）
主要设备	电力电缆　AC10kV，YJY，300，3，22	km	6.06	805769.1
	20kV 及以下电缆终端　AC10kV，300mm²，3 芯	套	12	552.57
	20kV 及以下电缆中间接头　AC10kV，300mm²，3 芯	套	24	1281.42
主要材料	圆钢	kg	103714.96	4.67
	混凝土	m³	1336.81	341.68

指标名称	10kV　1回　电缆截面300mm² 以内　电缆沟内敷设　同时建设砖砌　电缆沟道　单侧支架				
基价	建筑工程费	安装工程费	设备购置费	其他费用	基本预备费
438.75	264.15	5.17	83.72	72.93	12.78
主要设备及材料列表					
	名称及规格型号		单位	数量	单价（元）
主要设备	电力电缆　AC10kV，YJY，300，3，22		km	1.01	805769.1
	20kV 及以下电缆终端　AC10kV，300mm²，3 芯		套	2	552.57
	20kV 及以下电缆中间接头　AC10kV，300mm²，3 芯		套	4	1281.42
主要材料	圆钢		kg	13519.72	4.67
	混凝土		m³	655.88	341.68
	钢材		kg	22479.71	5.11

指标名称	10kV　2回　电缆截面300mm² 以内　电缆沟内敷设　同时建设砖砌　电缆沟道　单侧支架				
基价	建筑工程费	安装工程费	设备购置费	其他费用	基本预备费
535.44	264.15	10.33	167.44	77.92	15.6

	主要设备及材料列表			
	名称及规格型号	单位	数量	单价（元）
主要设备	电力电缆 AC10kV，YJY，300，3，22	km	2.02	805769.1
	20kV 及以下电缆终端 AC10kV，300mm², 3 芯	套	4	552.57
	20kV 及以下电缆中间接头 AC10kV，300mm², 3 芯	套	8	1281.42
主要材料	圆钢	kg	13532.14	4.67
	混凝土	m³	655.88	341.68
	钢材	kg	22479.71	5.11

指标编号：PZB4-177　　　　　　　　　　　　　　　　　　　　　　　　指标单位：万元/km

指标名称	10kV 3 回 电缆截面 300mm² 以内 电缆沟内敷设 同时建设砖砌 电缆沟道 单侧支架				
基价	建筑工程费	安装工程费	设备购置费	其他费用	基本预备费
631.97	264.15	15.5	251.16	82.75	18.41
主要设备及材料列表					
名称及规格型号			单位	数量	单价（元）
主要设备	电力电缆 AC10kV，YJY，300，3，22		km	3.03	805769.1
	20kV 及以下电缆终端 AC10kV，300mm², 3 芯		套	6	552.57
	20kV 及以下电缆中间接头 AC10kV，300mm², 3 芯		套	12	1281.42

主要设备及材料列表				
名称及规格型号		单位	数量	单价（元）
主要材料	圆钢	kg	13544.56	4.67
	混凝土	m³	655.88	341.68
	钢材	kg	22479.71	5.11

指标编号：PZB4-178

指标单位：万元/km

指标名称	10kV　1回　电缆截面300mm² 以内　电缆沟内敷设　同时建设砖砌　电缆沟道　双侧支架				
基价	建筑工程费	安装工程费	设备购置费	其他费用	基本预备费
527.61	332.95	5.17	83.72	90.41	15.37
主要设备及材料列表					
名称及规格型号		单位	数量	单价（元）	
主要设备	电力电缆　AC10kV，YJY，300，3，22	km	1.01	805769.1	
	20kV 及以下电缆终端　AC10kV，300mm²，3 芯	套	2	552.57	
	20kV 及以下电缆中间接头　AC10kV，300mm²，3 芯	套	4	1281.42	
主要材料	圆钢	kg	13519.72	4.67	
	混凝土	m³	799.13	341.68	
	钢材	kg	36303.37	5.11	

指标编号：PZB4-179　　　　　　　　　　　　　　　　　　　　　　　　　　　　　指标单位：万元/km

指标名称	10kV　2回　电缆截面 300mm² 以内　电缆沟内敷设　同时建设砖砌　电缆沟道　双侧支架				
基价	建筑工程费	安装工程费	设备购置费	其他费用	基本预备费
624.17	332.95	10.33	167.44	95.27	18.18

主要设备及材料列表					
名称及规格型号		单位	数量	单价（元）	
主要设备	电力电缆　AC10kV，YJY，300，3，22	km	2.02	805769.1	
	20kV 及以下电缆终端　AC10kV，300mm²，3 芯	套	4	552.57	
	20kV 及以下电缆中间接头　AC10kV，300mm²，3 芯	套	8	1281.42	
主要材料	圆钢	kg	13532.14	4.67	
	混凝土	m³	799.13	341.68	
	钢材	kg	36303.37	5.11	

指标编号：PZB4-180　　　　　　　　　　　　　　　　　　　　　　　　　　　　　指标单位：万元/km

指标名称	10kV　3回　电缆截面 300mm² 以内　电缆沟内敷设　同时建设砖砌　电缆沟道　双侧支架				
基价	建筑工程费	安装工程费	设备购置费	其他费用	基本预备费
720.69	332.95	15.5	251.16	100.09	20.99

主要设备及材料列表					
名称及规格型号		单位	数量	单价（元）	
主要设备	电力电缆　AC10kV，YJY，300，3，22	km	3.03	805769.1	
	20kV 及以下电缆终端　AC10kV，300mm^2，3 芯	套	6	552.57	
	20kV 及以下电缆中间接头　AC10kV，300mm^2，3 芯	套	12	1281.42	
主要材料	圆钢	kg	13544.56	4.67	
	混凝土	m^3	799.13	341.68	
	钢材	kg	36303.37	5.11	

指标编号：PZB4-181　　　　　　　　　　　　　　　　　　　　　　　　　指标单位：万元/km

指标名称	10kV　4 回　电缆截面 300mm^2 以内　电缆沟内敷设　同时建设砖砌　电缆沟道　双侧支架				
基价	建筑工程费	安装工程费	设备购置费	其他费用	基本预备费
817.04	332.95	20.67	334.88	104.75	23.8
主要设备及材料列表					
名称及规格型号		单位	数量	单价（元）	
主要设备	电力电缆　AC10kV，YJY，300，3，22	km	4.04	805769.1	
	20kV 及以下电缆终端　AC10kV，300mm^2，3 芯	套	8	552.57	
	20kV 及以下电缆中间接头　AC10kV，300mm^2，3 芯	套	16	1281.42	

续表

主要材料	名称及规格型号	单位	数量	单价（元）
	圆钢	kg	13556.97	4.67
	混凝土	m³	799.13	341.68
	钢材	kg	36303.37	5.11

指标编号：PZB4-182

指标单位：万元/km

指标名称	10kV 5回 电缆截面300mm²以内 电缆沟内敷设 同时建设砖砌 电缆沟道 双侧支架				
基价	建筑工程费	安装工程费	设备购置费	其他费用	基本预备费
913.36	332.95	25.83	418.6	109.38	26.6

主要设备及材料列表

	名称及规格型号	单位	数量	单价（元）
主要设备	电力电缆 AC10kV，YJY，300，3，22	km	5.05	805769.1
	20kV及以下电缆终端 AC10kV，300mm²，3芯	套	10	552.57
	20kV及以下电缆中间接头 AC10kV，300mm²，3芯	套	20	1281.42
主要材料	圆钢	kg	13569.39	4.67
	混凝土	m³	799.13	341.68
	钢材	kg	36303.37	5.11

210

指标名称	10kV　6回　电缆截面 300mm² 以内　电缆沟内敷设　同时建设砖砌　电缆沟道　双侧支架				
基价	建筑工程费	安装工程费	设备购置费	其他费用	基本预备费
1009.49	332.95	31	502.32	113.83	29.4
	主要设备及材料列表				
	名称及规格型号		单位	数量	单价（元）
主要设备	电力电缆　AC10kV，YJY，300，3，22		km	6.06	805769.1
	20kV 及以下电缆终端　AC10kV，300mm²，3 芯		套	12	552.57
	20kV 及以下电缆中间接头　AC10kV，300mm²，3 芯		套	24	1281.42
主要材料	圆钢		kg	13581.8	4.67
	混凝土		m³	799.13	341.68
	钢材		kg	36303.37	5.11

指标名称	10kV　1回　电缆截面 300mm² 以内　电缆沟内敷设　同时建设现浇混凝土　开启式电缆沟道　单侧支架				
基价	建筑工程费	安装工程费	设备购置费	其他费用	基本预备费
663	437.86	5.17	83.72	116.95	19.31

主要设备及材料列表				
名称及规格型号		单位	数量	单价（元）
主要设备	电力电缆　AC10kV，YJY，300，3，22	km	1.01	805769.1
	20kV 及以下电缆终端　AC10kV，300mm², 3 芯	套	2	552.57
	20kV 及以下电缆中间接头　AC10kV，300mm²，3 芯	套	4	1281.42
主要材料	圆钢	kg	194196.2	4.67
	混凝土	m³	1696.01	341.68
	钢材	kg	24419.66	5.11

指标编号：PZB4-185　　　　　　　　　　　　　　　　　　　　　　　　指标单位：万元/km

指标名称	10kV　2 回　电缆截面 300mm² 以内　电缆沟内敷设　同时建设现浇混凝土　开启式电缆沟道　单侧支架				
基价	建筑工程费	安装工程费	设备购置费	其他费用	基本预备费
759.44	437.86	10.33	167.44	121.69	22.12
主要设备及材料列表					
名称及规格型号			单位	数量	单价（元）
主要设备	电力电缆　AC10kV，YJY，300，3，22		km	2.02	805769.1
	20kV 及以下电缆终端　AC10kV，300mm²，3 芯		套	4	552.57
	20kV 及以下电缆中间接头　AC10kV，300mm²，3 芯		套	8	1281.42

主要设备及材料列表				
名称及规格型号		单位	数量	单价（元）
主要材料	圆钢	kg	194208.62	4.67
	混凝土	m³	1696.01	341.68
	钢材	kg	24419.66	5.11

指标编号：PZB4-186

指标单位：万元/km

指标名称	10kV 3回 电缆截面300mm²以内 电缆沟内敷设 同时建设现浇混凝土 开启式电缆沟道 单侧支架				
基价	建筑工程费	安装工程费	设备购置费	其他费用	基本预备费
855.85	437.86	15.5	251.16	126.41	24.93
主要设备及材料列表					
名称及规格型号		单位	数量	单价（元）	
主要设备	电力电缆 AC10kV，YJY，300，3，22	km	3.03	805769.1	
	20kV及以下电缆终端 AC10kV，300mm²，3芯	套	6	552.57	
	20kV及以下电缆中间接头 AC10kV，300mm²，3芯	套	12	1281.42	
主要材料	圆钢	kg	194221.03	4.67	
	混凝土	m³	1696.01	341.68	
	钢材	kg	24419.66	5.11	

指标单位：万元/km

指标名称	10kV　1回　电缆截面300mm² 以内　电缆沟内敷设　同时建设现浇混凝土　开启式电缆沟道　双侧支架				
基价	建筑工程费	安装工程费	设备购置费	其他费用	基本预备费
779.96	528.61	5.17	83.72	139.75	22.72
主要设备及材料列表					
名称及规格型号		单位	数量	单价（元）	
主要设备	电力电缆　AC10kV，YJY，300，3，22	km	1.01	805769.1	
	20kV 及以下电缆终端　AC10kV，300mm²，3 芯	套	2	552.57	
	20kV 及以下电缆中间接头　AC10kV，300mm²，3 芯	套	4	1281.42	
主要材料	圆钢	kg	203672.78	4.67	
	混凝土	m³	1950.62	341.68	
	钢材	kg	43100.86	5.11	

指标单位：万元/km

指标名称	10kV　2回　电缆截面300mm² 以内　电缆沟内敷设　同时建设现浇混凝土　开启式电缆沟道　双侧支架				
基价	建筑工程费	安装工程费	设备购置费	其他费用	基本预备费
876.29	528.61	10.33	167.44	144.38	25.52

主要设备及材料列表					
名称及规格型号		单位	数量	单价（元）	
主要设备	电力电缆　AC10kV，YJY，300，3，22	km	2.02	805769.1	
	20kV 及以下电缆终端　AC10kV，300mm²，3 芯	套	4	552.57	
	20kV 及以下电缆中间接头　AC10kV，300mm²，3 芯	套	8	1281.42	
主要材料	圆钢	kg	203685.19	4.67	
	混凝土	m³	1950.62	341.68	
	钢材	kg	43100.86	5.11	

指标编号：PZB4-189　　　　　　　　　　　　　　　　　　　　　　　　指标单位：万元/km

指标名称	10kV　3 回　电缆截面 300mm² 以内　电缆沟内敷设　同时建设现浇混凝土　开启式电缆沟道　双侧支架				
基价	建筑工程费	安装工程费	设备购置费	其他费用	基本预备费
972.59	528.61	15.5	251.16	149	28.33
主要设备及材料列表					
名称及规格型号		单位	数量	单价（元）	
主要设备	电力电缆　AC10kV，YJY，300，3，22	km	3.03	805769.1	
	20kV 及以下电缆终端　AC10kV，300mm²，3 芯	套	6	552.57	
	20kV 及以下电缆中间接头　AC10kV，300mm²，3 芯	套	12	1281.42	

主要设备及材料列表				
名称及规格型号		单位	数量	单价（元）
主要材料	圆钢	kg	203697.61	4.67
	混凝土	m³	1950.62	341.68
	钢材	kg	43100.86	5.11

指标编号：PZB4-190   指标单位：万元/km

指标名称	10kV　4回　电缆截面300mm² 以内　电缆沟内敷设　同时建设现浇混凝土　开启式电缆沟道　双侧支架				
基价	建筑工程费	安装工程费	设备购置费	其他费用	基本预备费
1068.7	528.61	20.67	334.88	153.42	31.13
主要设备及材料列表					
名称及规格型号		单位	数量	单价（元）	
主要设备	电力电缆　AC10kV，YJY，300，3，22	km	4.04	805769.1	
	20kV 及以下电缆终端　AC10kV，300mm²，3 芯	套	8	552.57	
	20kV 及以下电缆中间接头　AC10kV，300mm²，3 芯	套	16	1281.42	
主要材料	圆钢	kg	203710.02	4.67	
	混凝土	m³	1950.62	341.68	
	钢材	kg	43100.86	5.11	

指标名称	10kV　5回　电缆截面300mm² 以内　电缆沟内敷设　同时建设现浇混凝土　开启式电缆沟道　双侧支架				
基价	建筑工程费	安装工程费	设备购置费	其他费用	基本预备费
1164.82	528.61	25.83	418.6	157.85	33.93
主要设备及材料列表					
名称及规格型号		单位	数量	单价（元）	
主要设备	电力电缆　AC10kV，YJY，300，3，22	km	5.05	805769.1	
	20kV 及以下电缆终端　AC10kV，300mm²，3 芯	套	10	552.57	
	20kV 及以下电缆中间接头　AC10kV，300mm²，3 芯	套	20	1281.42	
主要材料	圆钢	kg	203722.44	4.67	
	混凝土	m³	1950.62	341.68	
	钢材	kg	43100.86	5.11	

指标名称	10kV　6回　电缆截面300mm² 以内　电缆沟内敷设　同时建设现浇混凝土　开启式电缆沟道　双侧支架				
基价	建筑工程费	安装工程费	设备购置费	其他费用	基本预备费
1260.71	528.61	31	502.32	162.07	36.72

主要设备及材料列表				
名称及规格型号		单位	数量	单价（元）
主要设备	电力电缆　AC10kV，YJY，300，3，22	km	6.06	805769.1
	20kV及以下电缆终端　AC10kV，300mm²，3芯	套	12	552.57
	20kV及以下电缆中间接头　AC10kV，300mm²，3芯	套	24	1281.42
主要材料	圆钢	kg	203734.86	4.67
	混凝土	m³	1950.62	341.68
	钢材	kg	43100.86	5.11

指标编号：PZB4-193　　　　　　　　　　　　　　　　　　指标单位：万元/km

指标名称	10kV电缆截面400mm²以内　排管或沟隧道内敷设　不含电缆土建				
基价	建筑工程费	安装工程费	设备购置费	其他费用	基本预备费
109.44		5.17	98.42	2.66	3.19
主要设备及材料列表					
名称及规格型号			单位	数量	单价（元）
主要设备	电力电缆　AC10kV，YJY，400，3，22		km	1.01	948205.6
	20kV及以下电缆终端　AC10kV，400mm²，3芯		套	2	597.77
	20kV及以下电缆中间接头　AC10kV，400mm²，3芯		套	4	1297.24

指标名称	10kV 1回 电缆截面 400mm² 以内 排管内敷设 同时建设 6 孔排管				
基价	建筑工程费	安装工程费	设备购置费	其他费用	基本预备费
410.03	224.45	5.17	98.42	70.04	11.94
主要设备及材料列表					
	名称及规格型号		单位	数量	单价（元）
主要设备	电力电缆 AC10kV，YJY，400，3，22		km	1.01	948205.6
	20kV 及以下电缆终端 AC10kV，400mm²，3 芯		套	2	597.77
	20kV 及以下电缆中间接头 AC10kV，400mm²，3 芯		套	4	1297.24
主要材料	圆钢		kg	102706.96	4.67
	混凝土		m³	804.08	341.68

指标名称	10kV 2回 电缆截面 400mm² 以内 排管内敷设 同时建设 6 孔排管				
基价	建筑工程费	安装工程费	设备购置费	其他费用	基本预备费
522.68	224.45	10.33	196.84	75.82	15.22
主要设备及材料列表					
	名称及规格型号		单位	数量	单价（元）
主要设备	电力电缆 AC10kV，YJY，400，3，22		km	2.02	948205.6

主要设备及材料列表				
名称及规格型号		单位	数量	单价（元）
主要设备	20kV 及以下电缆终端　AC10kV，400mm², 3 芯	套	4	597.77
	20kV 及以下电缆中间接头　AC10kV，400mm², 3 芯	套	8	1297.24
主要材料	圆钢	kg	102719.37	4.67
	混凝土	m³	804.08	341.68

指标编号：PZB4-196

指标单位：万元/km

指标名称	10kV　1 回　电缆截面 400mm² 以内　排管内敷设　同时建设 18 孔排管				
基价	建筑工程费	安装工程费	设备购置费	其他费用	基本预备费
628.57	390.02	5.17	98.42	116.66	18.31

主要设备及材料列表				
名称及规格型号		单位	数量	单价（元）
主要设备	电力电缆　AC10kV，YJY，400，3，22	km	1.01	948205.6
	20kV 及以下电缆终端　AC10kV，400mm², 3 芯	套	2	597.77
	20kV 及以下电缆中间接头　AC10kV，400mm², 3 芯	套	4	1297.24
主要材料	圆钢	kg	103652.88	4.67
	混凝土	m³	1336.81	341.68

指标名称	10kV　2回　电缆截面400mm² 以内　排管内敷设　同时建设18孔排管				
基价	建筑工程费	安装工程费	设备购置费	其他费用	基本预备费
741.05	390.02	10.33	196.84	122.28	21.58
主要设备及材料列表					
	名称及规格型号		单位	数量	单价（元）
主要设备	电力电缆　AC10kV，YJY，400，3，22		km	2.02	948205.6
	20kV 及以下电缆终端　AC10kV，400mm²，3 芯		套	4	597.77
	20kV 及以下电缆中间接头　AC10kV，400mm²，3 芯		套	8	1297.24
主要材料	圆钢		kg	103665.3	4.67
	混凝土		m³	1336.81	341.68

指标名称	10kV　3回　电缆截面400mm² 以内　排管内敷设　同时建设18孔排管				
基价	建筑工程费	安装工程费	设备购置费	其他费用	基本预备费
853.41	390.02	15.5	295.27	127.77	24.86
主要设备及材料列表					
	名称及规格型号		单位	数量	单价（元）
主要设备	电力电缆　AC10kV，YJY，400，3，22		km	3.03	948205.6

主要设备及材料列表				
名称及规格型号		单位	数量	单价（元）
主要设备	20kV 及以下电缆终端　AC10kV，400mm², 3 芯	套	6	597.77
	20kV 及以下电缆中间接头　AC10kV，400mm², 3 芯	套	12	1297.24
主要材料	圆钢	kg	103677.71	4.67
	混凝土	m³	1336.81	341.68

指标编号：PZB4-199　　　　　　　　　　　　　　　　　　　　　指标单位：万元/km

指标名称	10kV　4 回　电缆截面 400mm² 以内　排管内敷设　同时建设 18 孔排管				
基价	建筑工程费	安装工程费	设备购置费	其他费用	基本预备费
965.52	390.02	20.67	393.69	133.03	28.12
主要设备及材料列表					
名称及规格型号		单位	数量	单价（元）	
主要设备	电力电缆　AC10kV，YJY，400，3，22	km	4.04	948205.6	
	20kV 及以下电缆终端　AC10kV，400mm², 3 芯	套	8	597.77	
	20kV 及以下电缆中间接头　AC10kV，400mm², 3 芯	套	16	1297.24	
主要材料	圆钢	kg	103690.13	4.67	
	混凝土	m³	1336.81	341.68	

指标名称	10kV　5回　电缆截面400mm² 以内　排管内敷设　同时建设18孔排管				
基价	建筑工程费	安装工程费	设备购置费	其他费用	基本预备费
1077.6	390.02	25.83	492.11	138.25	31.39
主要设备及材料列表					
	名称及规格型号		单位	数量	单价（元）
主要设备	电力电缆　AC10kV，YJY，400，3，22		km	5.05	948205.6
	20kV及以下电缆终端　AC10kV，400mm²，3芯		套	10	597.77
	20kV及以下电缆中间接头　AC10kV，400mm²，3芯		套	20	1297.24
主要材料	圆钢		kg	103702.54	4.67
	混凝土		m³	1336.81	341.68

指标名称	10kV　6回　电缆截面400mm² 以内　排管内敷设　同时建设18孔排管				
基价	建筑工程费	安装工程费	设备购置费	其他费用	基本预备费
1189.55	390.02	31	590.53	143.35	34.65
主要设备及材料列表					
	名称及规格型号		单位	数量	单价（元）
主要设备	电力电缆　AC10kV，YJY，400，3，22		km	6.06	948205.6

主要设备及材料列表				
名称及规格型号		单位	数量	单价（元）
主要设备	20kV 及以下电缆终端　AC10kV，400mm², 3 芯	套	12	597.77
	20kV 及以下电缆中间接头　AC10kV，400mm²，3 芯	套	24	1297.24
主要材料	圆钢	kg	103714.96	4.67
	混凝土	m³	1336.81	341.68

指标编号：PZB4-202　　　　　　　　　　　　　　　　　　　　　　　　　　　指标单位：万元/km

指标名称	10kV　1 回　电缆截面 400mm² 以内　电缆沟内敷设　同时建设　砖砌　电缆沟道　单侧支架				
基价	建筑工程费	安装工程费	设备购置费	其他费用	基本预备费
454.64	264.15	5.17	98.42	73.65	13.24
主要设备及材料列表					
名称及规格型号		单位	数量		单价（元）
主要设备	电力电缆　AC10kV，YJY，400，3，22	km	1.01		948205.6
	20kV 及以下电缆终端　AC10kV，400mm²，3 芯	套	2		597.77
	20kV 及以下电缆中间接头　AC10kV，400mm²，3 芯	套	4		1297.24
主要材料	圆钢	kg	13519.72		4.67
	混凝土	m³	655.88		341.68
	钢材	kg	22479.71		5.11

指标编号：PZB4-203

指标单位：万元/km

指标名称	10kV 2回 电缆截面400mm² 以内 电缆沟内敷设 同时建设 砖砌 电缆沟道 单侧支架				
基价	建筑工程费	安装工程费	设备购置费	其他费用	基本预备费
567.08	264.15	10.33	196.84	79.23	16.52

主要设备及材料列表				
	名称及规格型号	单位	数量	单价（元）
主要设备	电力电缆　AC10kV，YJY，400，3，22	km	2.02	948205.6
	20kV 及以下电缆终端　AC10kV，400mm²，3 芯	套	4	597.77
	20kV 及以下电缆中间接头　AC10kV，400mm²，3 芯	套	8	1297.24
主要材料	圆钢	kg	13532.14	4.67
	混凝土	m³	655.88	341.68
	钢材	kg	22479.71	5.11

指标编号：PZB4-204

指标单位：万元/km

指标名称	10kV 3回 电缆截面400mm² 以内 电缆沟内敷设 同时建设 砖砌 电缆沟道 单侧支架				
基价	建筑工程费	安装工程费	设备购置费	其他费用	基本预备费
679.44	264.15	15.5	295.27	84.73	19.79

主要设备及材料列表					
名称及规格型号		单位	数量	单价（元）	
主要设备	电力电缆　AC10kV，YJY，400，3，22	km	3.03	948205.6	
	20kV 及以下电缆终端　AC10kV，400mm², 3 芯	套	6	597.77	
	20kV 及以下电缆中间接头　AC10kV，400mm²，3 芯	套	12	1297.24	
主要材料	圆钢	kg	13544.56	4.67	
	混凝土	m³	655.88	341.68	
	钢材	kg	22479.71	5.11	

指标编号：PZB4-205　　　　　　　　　　　　　　　　　　　　　　　　指标单位：万元/km

指标名称	10kV　1 回　电缆截面 400mm² 以内　电缆沟内敷设　同时建设　砖砌　电缆沟道　双侧支架				
基价	建筑工程费	安装工程费	设备购置费	其他费用	基本预备费
543.44	332.95	5.17	98.42	91.08	15.83
主要设备及材料列表					
名称及规格型号		单位	数量	单价（元）	
主要设备	电力电缆　AC10kV，YJY，400，3，22	km	1.01	948205.6	
	20kV 及以下电缆终端　AC10kV，400mm², 3 芯	套	2	597.77	
	20kV 及以下电缆中间接头　AC10kV，400mm²，3 芯	套	4	1297.24	

主要设备及材料列表				
名称及规格型号		单位	数量	单价（元）
主要材料	圆钢	kg	13519.72	4.67
	混凝土	m³	799.13	341.68
	钢材	kg	36303.37	5.11

指标编号：PZB4-206 　　　　　　　　　　　　　　　　　　　　　　　　　指标单位：万元/km

指标名称	10kV　2回　电缆截面 400mm² 以内　电缆沟内敷设　同时建设　砖砌　电缆沟道　双侧支架				
基价	建筑工程费	安装工程费	设备购置费	其他费用	基本预备费
655.85	332.95	10.33	196.84	96.62	19.1
主要设备及材料列表					
名称及规格型号		单位	数量		单价（元）
主要设备	电力电缆　AC10kV，YJY，400，3，22	km	2.02		948205.6
	20kV 及以下电缆终端　AC10kV，400mm²，3 芯	套	4		597.77
	20kV 及以下电缆中间接头　AC10kV，400mm²，3 芯	套	8		1297.24
主要材料	圆钢	kg	13532.14		4.67
	混凝土	m³	799.13		341.68
	钢材	kg	36303.37		5.11

227

指标名称	10kV 3回 电缆截面400mm² 以内 电缆沟内敷设 同时建设 砖砌 电缆沟道 双侧支架				
基价	建筑工程费	安装工程费	设备购置费	其他费用	基本预备费
768.12	332.95	15.5	295.27	102.04	22.37
主要设备及材料列表					
	名称及规格型号		单位	数量	单价（元）
主要设备	电力电缆 AC10kV，YJY，400，3，22		km	3.03	948205.6
	20kV及以下电缆终端 AC10kV，400mm²，3芯		套	6	597.77
	20kV及以下电缆中间接头 AC10kV，400mm²，3芯		套	12	1297.24
主要材料	圆钢		kg	13544.56	4.67
	混凝土		m³	799.13	341.68
	钢材		kg	36303.37	5.11

指标名称	10kV 4回 电缆截面400mm² 以内 电缆沟内敷设 同时建设 砖砌 电缆沟道 双侧支架				
基价	建筑工程费	安装工程费	设备购置费	其他费用	基本预备费
880.18	332.95	20.67	393.69	107.24	25.64

主要设备及材料列表				
名称及规格型号		单位	数量	单价（元）
主要设备	电力电缆　AC10kV，YJY，400，3，22	km	4.04	948205.6
	20kV 及以下电缆终端　AC10kV，400mm², 3 芯	套	8	597.77
	20kV 及以下电缆中间接头　AC10kV，400mm², 3 芯	套	16	1297.24
主要材料	圆钢	kg	13556.97	4.67
	混凝土	m³	799.13	341.68
	钢材	kg	36303.37	5.11

指标编号：PZB4-209　　　　　　　　　　　　　　　　　　　　　　　　　　　　　　　　　　　　指标单位：万元/km

指标名称	10kV　5 回　电缆截面 400mm² 以内　电缆沟内敷设　同时建设　砖砌　电缆沟道　双侧支架				
基价	建筑工程费	安装工程费	设备购置费	其他费用	基本预备费
992.18	332.95	25.83	492.11	112.39	28.9
主要设备及材料列表					
名称及规格型号			单位	数量	单价（元）
主要设备	电力电缆　AC10kV，YJY，400，3，22		km	5.05	948205.6
	20kV 及以下电缆终端　AC10kV，400mm², 3 芯		套	10	597.77
	20kV 及以下电缆中间接头　AC10kV，400mm², 3 芯		套	20	1297.24

主要设备及材料列表				
名称及规格型号		单位	数量	单价（元）
主要材料	圆钢	kg	13569.39	4.67
	混凝土	m³	799.13	341.68
	钢材	kg	36303.37	5.11

指标编号：PZB4-210

指标单位：万元/km

指标名称	10kV 6回 电缆截面400mm² 以内 电缆沟内敷设 同时建设 砖砌 电缆沟道 双侧支架				
基价	建筑工程费	安装工程费	设备购置费	其他费用	基本预备费
1104.05	332.95	31	590.53	117.41	32.16
主要设备及材料列表					
名称及规格型号			单位	数量	单价（元）
主要设备	电力电缆　AC10kV，YJY，400，3，22		km	6.06	948205.6
	20kV 及以下电缆终端　AC10kV，400mm²，3芯		套	12	597.77
	20kV 及以下电缆中间接头　AC10kV，400mm²，3芯		套	24	1297.24
主要材料	圆钢		kg	13581.8	4.67
	混凝土		m³	799.13	341.68
	钢材		kg	36303.37	5.11

指标名称	10kV　1回　电缆截面 400mm² 以内　电缆沟内敷设　同时建设　现浇混凝土　开启式电缆沟道　单侧支架				
基价	建筑工程费	安装工程费	设备购置费	其他费用	基本预备费
678.81	437.86	5.17	98.42	117.59	19.77
主要设备及材料列表					
名称及规格型号			单位	数量	单价（元）
主要设备	电力电缆　AC10kV，YJY，400，3，22		km	1.01	948205.6
	20kV 及以下电缆终端　AC10kV，400mm²，3 芯		套	2	597.77
	20kV 及以下电缆中间接头　AC10kV，400mm²，3 芯		套	4	1297.24
主要材料	圆钢		kg	194196.2	4.67
	混凝土		m³	1696.01	341.68
	钢材		kg	24419.66	5.11

指标名称	10kV　2回　电缆截面 400mm² 以内　电缆沟内敷设　同时建设　现浇混凝土　开启式电缆沟道　单侧支架				
基价	建筑工程费	安装工程费	设备购置费	其他费用	基本预备费
791.08	437.86	10.33	196.84	123.01	23.04

主要设备及材料列表				
名称及规格型号		单位	数量	单价（元）
主要设备	电力电缆　AC10kV，YJY，400，3，22	km	2.02	948205.6
	20kV 及以下电缆终端　AC10kV，400mm²，3 芯	套	4	597.77
	20kV 及以下电缆中间接头　AC10kV，400mm²，3 芯	套	8	1297.24
主要材料	圆钢	kg	194208.62	4.67
	混凝土	m³	1696.01	341.68
	钢材	kg	24419.66	5.11

指标编号：PZB4-213

指标单位：万元/km

指标名称	10kV　3 回　电缆截面 400mm² 以内　电缆沟内敷设　同时建设　现浇混凝土　开启式电缆沟道　单侧支架				
基价	建筑工程费	安装工程费	设备购置费	其他费用	基本预备费
903.13	437.86	15.5	295.27	128.2	26.3
主要设备及材料列表					
名称及规格型号			单位	数量	单价（元）
主要设备	电力电缆　AC10kV，YJY，400，3，22		km	3.03	948205.6
	20kV 及以下电缆终端　AC10kV，400mm²，3 芯		套	6	597.77
	20kV 及以下电缆中间接头　AC10kV，400mm²，3 芯		套	12	1297.24

主要设备及材料列表				
	名称及规格型号	单位	数量	单价（元）
主要材料	圆钢	kg	194221.03	4.67
	混凝土	m³	1696.01	341.68
	钢材	kg	24419.66	5.11

指标编号：PZB4-214

指标单位：万元/km

指标名称	10kV 1回 电缆截面 400mm² 以内 电缆沟内敷设 同时建设 现浇混凝土 开启式电缆沟道 双侧支架				
基价	建筑工程费	安装工程费	设备购置费	其他费用	基本预备费
795.75	528.61	5.17	98.42	140.37	23.18
主要设备及材料列表					
	名称及规格型号	单位	数量	单价（元）	
主要设备	电力电缆 AC10kV，YJY，400，3，22	km	1.01	948205.6	
	20kV 及以下电缆终端 AC10kV，400mm²，3 芯	套	2	597.77	
	20kV 及以下电缆中间接头 AC10kV，400mm²，3 芯	套	4	1297.24	
主要材料	圆钢	kg	203672.78	4.67	
	混凝土	m³	1950.62	341.68	
	钢材	kg	43100.86	5.11	

指标名称	10kV 2回 电缆截面400mm² 以内 电缆沟内敷设 同时建设 现浇混凝土 开启式电缆沟道 双侧支架				
基价	建筑工程费	安装工程费	设备购置费	其他费用	基本预备费
907.9	528.61	10.33	196.84	145.67	26.44
主要设备及材料列表					
	名称及规格型号		单位	数量	单价（元）
主要设备	电力电缆 AC10kV，YJY，400，3，22		km	2.02	948205.6
	20kV及以下电缆终端 AC10kV，400mm²，3芯		套	4	597.77
	20kV及以下电缆中间接头 AC10kV，400mm²，3芯		套	8	1297.24
主要材料	圆钢		kg	203685.19	4.67
	混凝土		m³	1950.62	341.68
	钢材		kg	43100.86	5.11

指标名称	10kV 3回 电缆截面400mm² 以内 电缆沟内敷设 同时建设 现浇混凝土 开启式电缆沟道 双侧支架				
基价	建筑工程费	安装工程费	设备购置费	其他费用	基本预备费
1019.92	528.61	15.5	295.27	150.84	29.71

主要设备及材料列表					
名称及规格型号		单位	数量	单价（元）	
主要设备	电力电缆　AC10kV，YJY，400，3，22	km	3.03	948205.6	
	20kV 及以下电缆终端　AC10kV，400mm², 3 芯	套	6	597.77	
	20kV 及以下电缆中间接头　AC10kV，400mm²，3 芯	套	12	1297.24	
主要材料	圆钢	kg	203697.61	4.67	
	混凝土	m³	1950.62	341.68	
	钢材	kg	43100.86	5.11	

指标编号：PZB4-217   指标单位：万元/km

指标名称	10kV　4 回　电缆截面 400mm² 以内　电缆沟内敷设　同时建设　现浇混凝土　开启式电缆沟道　双侧支架				
基价	建筑工程费	安装工程费	设备购置费	其他费用	基本预备费
1131.69	528.61	20.67	393.69	155.76	32.96

主要设备及材料列表					
名称及规格型号		单位	数量	单价（元）	
主要设备	电力电缆　AC10kV，YJY，400，3，22	km	4.04	948205.6	
	20kV 及以下电缆终端　AC10kV，400mm²，3 芯	套	8	597.77	
	20kV 及以下电缆中间接头　AC10kV，400mm²，3 芯	套	16	1297.24	

主要设备及材料列表				
名称及规格型号		单位	数量	单价（元）
主要材料	圆钢	kg	203710.02	4.67
	混凝土	m³	1950.62	341.68
	钢材	kg	43100.86	5.11

指标编号：PZB4-218

指标单位：万元/km

指标名称	10kV　5回　电缆截面400mm²以内　电缆沟内敷设　同时建设　现浇混凝土　开启式电缆沟道　双侧支架				
基价	建筑工程费	安装工程费	设备购置费	其他费用	基本预备费
1243.44	528.61	25.83	492.11	160.67	36.22

主要设备及材料列表				
名称及规格型号		单位	数量	单价（元）
主要设备	电力电缆　AC10kV，YJY，400，3，22	km	5.05	948205.6
	20kV及以下电缆终端　AC10kV，400mm²，3芯	套	10	597.77
	20kV及以下电缆中间接头　AC10kV，400mm²，3芯	套	20	1297.24
主要材料	圆钢	kg	203722.44	4.67
	混凝土	m³	1950.62	341.68
	钢材	kg	43100.86	5.11

指标名称	10kV　6回　电缆截面400mm² 以内　电缆沟内敷设　同时建设现浇混凝土　开启式电缆沟道　双侧支架				
基价	建筑工程费	安装工程费	设备购置费	其他费用	基本预备费
1355.06	528.61	31	590.53	165.44	39.47
主要设备及材料列表					
	名称及规格型号		单位	数量	单价（元）
主要设备	电力电缆　AC10kV，YJY，400，3，22		km	6.06	948205.6
	20kV 及以下电缆终端　AC10kV，400mm²，3芯		套	12	597.77
	20kV 及以下电缆中间接头　AC10kV，400mm²，3芯		套	24	1297.24
主要材料	圆钢		kg	203734.86	4.67
	混凝土		m³	1950.62	341.68
	钢材		kg	43100.86	5.11

4.1.4　电缆分支箱

指标名称	电缆分支箱安装　6回路以下				
基价	建筑工程费	安装工程费	设备购置费	其他费用	基本预备费
1.52	0.28	0.08	0.91	0.21	0.04

主要设备及材料列表				
名称及规格型号		单位	数量	单价（元）
主要设备	高压电缆分支箱　AC10kV，二路，630A	只	1	8927
主要材料	圆钢	kg	161.16	4.67
	混凝土	m³	1.38	341.68

指标编号：PZB4-221

指标单位：万元/台

指标名称	低压分支箱				
基价	建筑工程费	安装工程费	设备购置费	其他费用	基本预备费
1.43	0.28	0.07	0.84	0.2	0.04
主要设备及材料列表					
名称及规格型号		单位	数量	单价（元）	
主要设备	低压电缆分支箱　AC400V，七路，630A	只	1	8249	
主要材料	圆钢	kg	161.17	4.67	
	混凝土	m³	1.38	341.68	

4.2 海底电缆线路部分

4.2.1 10kV 海底电缆登陆

指标编号：PZB4-222

指标名称	10kV 海底电缆登陆 单根外径 90mm 以内				
基价	建筑工程费	安装工程费	设备购置费	其他费用	基本预备费
231.86		94.56	101.05	29.5	6.75
主要设备及材料列表					
名称及规格型号			单位	数量	单价（元）
主要设备	海底电缆 YJQ41G-8.7/10kV-3×95mm² 复合 48 芯光纤		km	1.01	980000

指标编号：PZB4-223

指标单位：万元/km

指标名称	10kV 海底电缆登陆 单根外径 135mm 以内				
基价	建筑工程费	安装工程费	设备购置费	其他费用	基本预备费
324.62		101.95	179.41	33.8	9.45
主要设备及材料列表					
名称及规格型号			单位	数量	单价（元）
主要设备	海底电缆 YJQ41G-8.7/10kV-3×400mm² 复合 48 芯光纤		km	1.01	1740000

4.2.2 10kV 海底电缆抛设

指标编号：PZB4-224 指标单位：万元/km

指标名称	10kV　海底电缆抛设　单根外径90mm以内				
基价	建筑工程费	安装工程费	设备购置费	其他费用	基本预备费
156.55		35.37	101.05	15.57	4.56
主要设备及材料列表					
名称及规格型号			单位	数量	单价（元）
主要设备	海底电缆　YJQ41G-8.7/10kV-3×95mm² 复合48芯光纤		km	1.01	980000

指标编号：PZB4-225 指标单位：万元/km

指标名称	10kV　海底电缆抛设　单根外径135mm以内				
基价	建筑工程费	安装工程费	设备购置费	其他费用	基本预备费
254.39		46.14	179.41	21.42	7.41
主要设备及材料列表					
名称及规格型号			单位	数量	单价（元）
主要设备	海底电缆　YJQ41G-8.7/10kV-3×400mm² 复合48芯光纤		km	1.01	1740000

4.2.3 10kV 海底电缆冲埋

指标编号：PZB4-226

指标名称	10kV 海底电缆冲埋 单根外径 90mm 以内 埋深 3.5m 以内				
基价	建筑工程费	安装工程费	设备购置费	其他费用	基本预备费
162.51		40.04	101.05	16.69	4.73
主要设备及材料列表					
名称及规格型号			单位	数量	单价（元）
主要设备	海底电缆 YJQ41G-8.7/10kV-3×95mm² 复合 48 芯光纤		km	1.01	980000

指标编号：PZB4-227

指标名称	10kV 海底电缆冲埋 单根外径 135mm 以内 埋深 3.5m 以内				
基价	建筑工程费	安装工程费	设备购置费	其他费用	基本预备费
259.83		50.45	179.41	22.4	7.57
主要设备及材料列表					
名称及规格型号			单位	数量	单价（元）
主要设备	海底电缆 YJQ41G-8.7/10kV-3×400mm² 复合 48 芯光纤		km	1.01	1740000

4.2.4 10kV 海底电缆终端及附属

指标编号：PZB4-228

指标单位：万元/套

指标名称	海底电缆终端及附属				
基价	建筑工程费	安装工程费	设备购置费	其他费用	基本预备费
3.88		2.54	0.45	0.77	0.11
主要设备及材料列表					
名称及规格型号		单位	数量	单价（元）	
主要设备	海底电缆终端　AC10kV，120mm², 3 芯	套/三相	0.5	467.82	
	海底电缆终端　AC10kV，400mm², 3 芯	套/三相	0.5	720.04	
	海底电缆直接接地箱　10kV	套	1	3850	
主要材料	海底电缆锚固装置　10kV	套	1	10000	
	海底电缆接地电缆　1×120mm²	m	6	116.01	

第 5 章　配电网通信工程

说　　明

1．内容范围

本章内容包括配网光纤通信、配网无线通信和北斗卫星通信的估算指标。

2．组成规则

（1）配网光纤通信按每站配置，包括1台工业以太网交换机或1套无源光网络设备，1架机柜，1个光配及配套材料。

（2）配网无线通信按每站配置，包括1个无线通信模块，1个电源变换器及配套材料。

（3）北斗卫星通信（主站侧）按站配置，包括1台北斗通信管理机，1架机柜及配套材料。

（4）北斗卫星通信（终端侧）按站配置，包括1台北斗通信终端，1台终端及配套材料。

3．计算规则

配网光纤通信、配网无线通信、北斗卫星通信以"万元/站"为计量单位。

4．使用说明

（1）当实际工程设备材料与指标方案存在差异时，可调整主要设备及材料费用。

（2）站点可根据通信方式选用对应指标。

（3）配网无线通信指标适用于无线公网通信和无线专网通信。

指标名称	配网光纤通信（交换机组网）				
规模	安装规模：1台工业以太网交换机，1架机柜，1个光配				
基价	建筑工程费	安装工程费	设备购置费	其他费用	基本预备费
2.47		0.33	1.92	0.16	0.07
主要设备及材料列表					
名称及规格型号		单位	数量		单价（元）
主要设备	通信机柜	架	1		6068
	直流电源分配单元	个	1		2500
	二层工业以太网交换机	台	1		6300
	光模块	个	2		300
	光纤配线架（ODF）	套	1		3740
主要材料	钢材	kg	5.5		5.11
	镀锌钢材	kg	0.56		5.71
	通信机柜底座	个	1		150
	电线　ZR-VV22-1×6m^2	m	20		10.67
	HDPE管　ϕ32	m	20		4.25
	尾纤	对	2		88.5

指标名称	配网光纤通信（PON 组网）				
规模	安装规模：1 台光网络单元（ONU），0.1 台光线路终端（OLT），0.1 架机柜				
基价	建筑工程费	安装工程费	设备购置费	其他费用	基本预备费
2.24		0.08	1.96	0.14	0.07
主要设备及材料列表					
	名称及规格型号		单位	数量	单价（元）
主要设备	通信机柜		架	0.1	6068
	直流电源分配单元		个	0.1	2500
	光纤配线架（ODF）		套	1	3740
	光网络单元（ONU）		套	1	5000
	光线路终端（OLT）		套	0.1	100000
主要材料	钢材		kg	0.55	5.11
	镀锌钢材		kg	0.01	5.71
	通信机柜底座		个	0.1	150
	尾纤		对	2	88.5
	电线　ZR-VV22-2×4m^2		m	5	8.5

指标名称	配网无线通信				
规模	安装规模：1个无线通信模块，1个电源变换器				
基价	建筑工程费	安装工程费	设备购置费	其他费用	基本预备费
0.83		0.33	0.32	0.15	0.02
主要设备及材料列表					
	名称及规格型号		单位	数量	单价（元）
主要设备	电源适配器		个	1	200
	无线安全专网通信模块　100M 电口		个	1	3000
主要材料	信号延长天线		套	1	442.48
	电线　ZR-BVV-1×2.5m²		m	20	2.33
	航空插头一体化电缆（电源线、信号线）		m	3	8.85
	航空插头		个	2	22.12
	同轴电缆		m	100	11.42

指标编号：PZB5-4   指标单位：万元/站

指标名称	北斗卫星通信（主站侧）				
规模	安装规模：1台北斗通信管理机，1架机柜				
基价	建筑工程费	安装工程费	设备购置费	其他费用	基本预备费
10.31		0.46	9.36	0.19	0.3

主要设备及材料列表				
名称及规格型号		单位	数量	单价（元）
主要设备	通信机柜	架	1	6068
	直流电源分配单元	个	1	2500
	北斗通信管理机	台	1	80000
	北斗双向通信天线	套	1	5000
主要材料	钢材	kg	5.5	5.11
	镀锌钢材	kg	0.14	5.71
	通信机柜底座	个	1	150
	六类非屏蔽双绞线	m	20	5
	电线　ZR-VV22-1×6m^2	m	40	10.67
	HDPE 管　ϕ32	m	100	4.25
	角钢横担　L63×6×1100	根	2	44.16
	U 型抱箍　U16	副	5	9.73
	螺栓	套	8	4.47
	设备线夹	只	13	17.7
	卫星馈线电缆	m	100	5.39

指标名称	北斗卫星通信（终端侧）				
规模	安装规模：1 台北斗通信终端，1 台综合配线箱				
基价	建筑工程费	安装工程费	设备购置费	其他费用	基本预备费
3.24		0.16	2.82	0.17	0.09
主要设备及材料列表					
名称及规格型号		单位	数量	单价（元）	
主要设备	电源适配器	个	1	200	
	终端箱	台	1	3000	
	北斗双向通信天线	套	1	5000	
	北斗通信终端	台	1	20000	
主要材料	镀锌钢材	kg	0.06	5.71	
	六类非屏蔽双绞线	m	5	5	
	电线　ZR-VV22-1×6m²	m	20	10.67	
	角钢横担　L63×6×1100	根	2	44.16	
	U 型抱箍　U16	副	4	9.73	
	螺栓	套	24	4.47	

第 **6** 章　通信线路工程

说　　明

1．内容范围

本章内容包括普通架空光缆、管道光缆和全介质自承式（ADSS）光缆的估算指标。

2．组成规则

（1）通信线路指标根据光缆类型及敷设方式分为普通架空光缆、管道光缆和 ADSS 光缆。

（2）指标包含光缆架（敷）设、测试及相关金具、子管等辅材的安装。

3．计算规则

普通架空光缆、管道光缆、ADSS 光缆以"万元/km"为计量单位。

4．使用说明

（1）普通架空光缆指标适用于电力杆路资源上的光缆敷设。

（2）管道光缆指标适用于电力或通信管道中的光缆敷设。

（3）ADSS 光缆指标适用于利用电力系统的输电杆塔，可自承悬挂于输电线路上的 ADSS 光缆架设。

（4）上述 3 类指标是按 24 芯光缆设置的，当光缆芯数为 24 芯以上时，指标按下述方式乘系数调整：每增加 12 芯，增加系数 1.1。

　　　　　　　　　　　　　　　　　　　　　　　　　　　　　　指标单位：万元/km

指标名称	普通架空光缆				
规模	安装规模：普通光缆 1km，接头盒 0.7 个，镀锌钢绞线 1km，金具 1 套				
基价	安装工程费		设备购置费	其他费用	基本预备费
2.29	1.94			0.28	0.07
主要设备及材料列表					
	名称及规格型号		单位	数量	单价（元）
主要材料	光缆接头盒		个	0.7	1000
	普通光缆　24 芯		km	1	5000
	镀锌钢绞线　GJ-25		km	1	5000
	金具		套	1	1000

指标编号：PZB6-2 　　　　　　　　　　　　　　　　　　　　　　　　　　　　　　指标单位：万元/km

指标名称	管道光缆				
规模	安装规模：普通光缆 1km，接头盒 0.7 个，硅管 1km				
基价	安装工程费		设备购置费	其他费用	基本预备费
2.66	2.28			0.31	0.08

主要设备及材料列表				
名称及规格型号		单位	数量	单价（元）
主要材料	光缆接头盒	个	0.7	1000
	普通光缆　24 芯	km	1	5000
	硅管	km	1	5000

指标编号：PZB6-3

指标单位：万元/km

指标名称	ADSS 光缆			
规模	安装规模：ADSS 光缆 1km，接头盒 0.7 个，金具 1 套			
基价	安装工程费	设备购置费	其他费用	基本预备费
2.29	1.94		0.28	0.07
主要设备及材料列表				
名称及规格型号		单位	数量	单价（元）
主要材料	光缆接头盒	个	0.7	1000
	金具	套	1	1000
	ADSS 光缆　24 芯	km	1	9000